Philipp Schuler

Software Patente in Europa

Studie zur Patentierbarkeit von computerimplementierten Erfindungen und deren Folgen für europäische Unternehmen

Schuler, Philipp: Software Patente in Europa: Studie zur Patentierbarkeit von computerimplementierten Erfindungen und deren Folgen für europäische Unternehmen, Hamburg, Igel Verlag RWS 2015

Buch-ISBN: 978-3-95485-251-2
PDF-eBook-ISBN: 978-3-95485-751-7
Druck/Herstellung: Igel Verlag RWS, Hamburg, 2015

Bibliografische Information der Deutschen Nationalbibliothek:
Die Deutsche Nationalbibliothek verzeichnet diese Publikation in der Deutschen Nationalbibliografie; detaillierte bibliografische Daten sind im Internet über http://dnb.d-nb.de abrufbar.

© Igel Verlag RWS, Imprint der Diplomica Verlag GmbH
Hermannstal 119k, 22119 Hamburg
http://www.diplomica.de, Hamburg 2015
Printed in Germany

Abstract

Diese Studie wurde vor dem Hintergrund der Ablehnung der EU-Richtlinie zu „computer-implementierten Erfindungen" erstellt. Im ersten Teil wird auf die Ursprünge des geistigen Schutzes von Erfindungen und auf die seit Jahren diskutierte Patentierung von Software eingegangen. Teil zwei stellt den (nicht)Werdegang der Europäischen Richtlinie „über die Patentierbarkeit computerimplementierter Erfindungen" dar. Neben der von Kritikern grundsätzlich angeprangerten Trivialität von Software Patenten soll auch auf mögliche Gefahren für den europäischen Mittelstand und die Innovation in Europa durch solche Patente eingegangen werden. Im dritten Abschnitt wird das System der Patentevergabe der „Vorreiter" USA beleuchtet. Abschließend wird der Open Source Gedanke in Kontrast zum Schutz von geistigem Eigentum gestellt, um dann in einem Resümee einen Überblick über das Buch zu geben

This study was conducted with the background of the rejected EU directive for "computer-implemented inventions". In section one, the origin of spiritual protection of inventions will be discussed. Part two will be dealing with the patenting of software in general and the timetable of the decision-making-process of the EU directive. Along with the critics' denounced triviality of software patents, also possible threats by patents towards innovation and to medium and small sized businesses will be discussed. In the third section, the patenting system of the "precursor" USA will be put into focus. In section four, the Open Source idea will be revealed in contrast to protection of intellectual property. Eventually, the conclusion will provide an overview on the book.

Inhaltsverzeichnis

Abbildungsverzeichnis

Abkürzungsverzeichnis

Art.	Artikel
BSA	Business Software Alliance
EPA	Europäisches Patentamt
EPÜ	Europäisches Patentübereinkommen
CCIA	Computer & Communications Industry Association
CIE	Computerimplementierte Erfindung
DV	Datenverarbeitungsanlage(n)
EESC	Europäischer Wirtschafts- und Sozialausschuss
FFII	Foundation for a Free Information Infrastructure
FSF	Free Software Foundation
GNU	Gnu's, not Unix
GPL	GNU General Public License
IuK	Informations- und Kommunikationsbranche
KMU	Kleine und mittlere Unternehmen
OSDL	Open Source Development Labs
OSI	Open Source Initiative
PWC	PriceWaterhouseCoopers
TRIPS	Agreement on Trade-Related Aspects of Intellectual Property Rights
ZVEI	Zentralverband Elektrotechnik- und Elektronikindustrie Deutschland

1 Das Patent als Erfindungsschutz

„Innovation is a beautiful thing. It is a force with both aesthetic and pragmatic appeal: It unleashes our creative spirit, opening our minds to hitherto undreamed of possibilities, while simultaneously accelerating economic growth and providing advances in such crucial human endeavours as medicine, agriculture, and education. [..] While innovation is a powerful means of competitive differentiation, enabling firms to penetrate new markets and achieve higher margins, it is also a competitive race that must be run with speed, skill, and precision. It is not enough for a firm to be innovative-to be successful it must innovate better than its competitors."

Melissa A. Schilling, New York University[1]

Um diesen wichtigen Prozess der Innovation aufrecht zu erhalten, müssen dem Erfinder auch Anreize gegeben werden, damit er seine Erfindung veröffentlicht. War es im Mittelalter noch so, dass das gesamte Wissen um Erfindungen in den verschiedenen Gilden und Zünften geheim gehalten wurde, sollte die Einführung des Patentsystems sicherstellen, dass Dinge wie Herstellungsgeheimnisse publik gemacht werden und damit der Öffentlichkeit zu Gute kommen. Im Gegenzug leisten Patente einen Investitionsschutz. Dem Erfinder wird vom Staat über einen begrenzten Zeitraum ein Monopolrecht gewährt, in dem er den Preis für die Dauer der Patentfrist für den Kauf oder Benützung seiner Errungenschaft selber festlegen kann.[2]

1877 wurde in Deutschland auf Betreiben von Werner Siemens und seinem „Deutschen Patentschutzverein" das Deutsche Patentgesetz verab-

---

[1] Schilling (2005), S. V
[2] Vgl. Mühlbauer (21.06.2002)

schiedet.[3] Damals lautete § 1 Abs. 1 im ersten gesamtdeutschen Patent-gesetz noch unkompliziert:

„Patente werden ertheilt für neue Erfindungen, welche eine gewerbliche Verwerthung gestatten."[4]

Die Anforderungen sind mit dem Fortschritt der Technik gestiegen. So lautet Art. 52 Abs. 1 des Europäischen Patentübereinkommens (EPÜ) vom Jahr 2000 folgendermaßen:

> *„(1) Patente werden für Erfindungen erteilt, die neu sind, auf einer erfinderischen Tätigkeit beruhen und gewerblich anwendbar sind*
>
> *(2) Als Erfindungen im Sinne des Absatzes 1 werden insbesondere nicht angesehen:*
>
> > *1. Entdeckungen sowie wissenschaftliche Theorien und mathematische Methoden;*
> >
> > *2. ästhetische Formschöpfungen;*
> >
> > *3. Pläne, Regeln und Verfahren für gedankliche Tätigkeiten, für Spiele oder für ge-schäftliche Tätigkeiten sowie Programme für Datenverarbeitungsanlagen;*
> >
> > *4. die Wiedergabe von Informationen.*
>
> *(3) Absatz 2 steht der Patentfähigkeit nur insoweit entgegen, als für die genannten Gegens-tände oder Tätigkeiten als solche Schutz begehrt wird."[5]*

Seit dem Inkrafttreten des Patentgesetzes von 1877 bestand Einigkeit darüber, dass man nicht jede Neuerung, die vom Bekannten abweicht, patentieren kann. So kamen zwei Anforderungen dazu: Eine inhaltliche Anforderung (Technizität der Erfindung) und eine qualitative Anforderung (Erfindung darf nicht nahe liegend sein). 1978 wurde die qualitative Anforderung durch den gesetzlich neu geschaffenen Begriff „Erfindungs-höhe" definiert.[6]

---

[3] Vgl. Sietmann (2001)

[4] Sedlmaier (2004), S. 14, zitiert nach: RGBl 1877, 501.

[5] Sedlmaier (2004), S. 13, zitiert aus: Akte zur Revision des EPÜ, unterz. A. 29.11.2000, MR/3/00, GRUR Int. 2001, 309, Art. 1 Nr. 17; Abl. EPA 2003, Sonderausgabe Nr. 1, Seite 1, 24.

[6] Vgl. Sedlmaier (2004), S. 15

2 „Software Patente" in Europa

„Ein Softwarepatent-Regime würde das Recht des Stärkeren etablieren
und letztlich mehr Unrecht als Recht schaffen [..]"
Linus Torvalds (Linux), Michael Widenius (MySQL) und Rasmus Lerdorf (PHP) [7]

2.1 Einleitung

„Software besitzt einen seltsamen Doppelcharakter: Einerseits sind
solche ‚Rechenregeln' für den Computer, etwa ein neues Verfahren zur
Berechnung von Primzahlen, ein geistiges Produkt, das wie ein Text
unter dem Schutz des Urheberrechts steht. Andererseits sind die meisten Programme Werkzeuge. Und deren Entwickler haben einen Anspruch darauf, an dem Geld zu partizipieren, das mit der Verwertung
ihres Werks verdient wird."[8]

Schon seit dem Inkrafttreten des EPÜ existiert ein generelles Patentie-
rungsverbot für „Programme für Datenverarbeitungsanlagen als solche"[9], nicht aber für eine Hardware Lösung eines speziellen Problems.
Roman Sedlmaier etwa schreibt dies der historischen Entwicklung von
Computerprogrammen zu. So wurden ursprünglich für jeden Einsatzbe-
reich Spezialrechner entwickelt. Ein solcher Spezialrechner ist nichts
anderes als eine elektrische Schaltung, welche nur einen ganz bestimmten Algorithmus realisiert. Ein Universalrechner kann jegliche Art von
Algorithmen ausführen, ein Spezialrechner immer nur den Algorithmus,
für den er explizit gebaut wurde. Es kann aber für jede Art von Algorithmen, die ein Universalrechner ausführen kann, auch eine Hardware
Variante zusammengelötet werden. [10]

---

[7] Zieger (23.11.2004)
[8] Drösser (28.08.2003)
[9] Sedlmaier (2004), S. 51
[10] Vgl. Sedlmaier (2004), S. 28, zitiert nach: zur Austauschbarkeit von Hard- und
Softwarelösungen, EPA – VICOM, Entscheidungsgründe 16, ABl. EPA 1987, 14 = GRUR

Bis dato ist in Europa jedoch ausschließlich die Patentierbarkeit von Hardwareausführungen allgemein anerkannt. Patente auf „reine Software" werden durch das Urheberrecht geschützt.[11]

2.2 Wettbewerb im Gerichtssaal

„Der Wettbewerb verlagert sich immer mehr ins Rechtssystem"
Richard Sietmann, Redakteur „C'T"[12]

In den USA dominiert ein anderes Bild: Es kann mittlerweile für jede Trivialität Erfindungsschutz beansprucht werden. 1980 befand der US-Supreme Court „alles unter der Sonne von Menschenhand Erschaffene" als patentierbar. Die Möglichkeiten zur Patentierung wurden dann sukzessive ausgeweitet: 1985 kamen Mikroorganismen, Pflanzen und Pflanzensorten dazu, 1987 Tiere, 1994 Computerprogramme und seit 1998 sind sogar Geschäftsmethoden wie das berüchtigte „1 Click" Patent von Amazon patentwürdig.[13]

Int. 1987, 173 = CR 1986, 193 = Mitt. 1986, 171 = ICC 1987, 101; Octrooiraad – Steuervorrichtung, GRUR Int. 1989, 705; Octrooiraad – Dekodierverfahren, GRUR Int. 1988, 71; BGH – Dispositionsprogramm, aaO, FN. 47; BGH – Spannungsregler, BGHZ 42, 248 BPATGE 6, 254 = GRUR 1965, 234 = Bl.PMZ 1965, 236; BGH – UHF Empfänger, BPatGE 6, 255 = GRUR 1965, 247; BPatG – Digitale Signalverarbeitungsanordnung, GRUR 1986, 307 = CR 1986, 329 = Mitt. 1986, 70; BPatG – Fourier Transformationsanordnung, GRUR 1989, 336 = CR 1990, 271 = BPatGE 30, 78 = Bl.PMZ 89, 179; Kafsack (03.07.2005)

[11] Vgl. Roller (15.02.2002)

[12] Sietmann (2001)

[13] Vgl. Sietmann (2001)

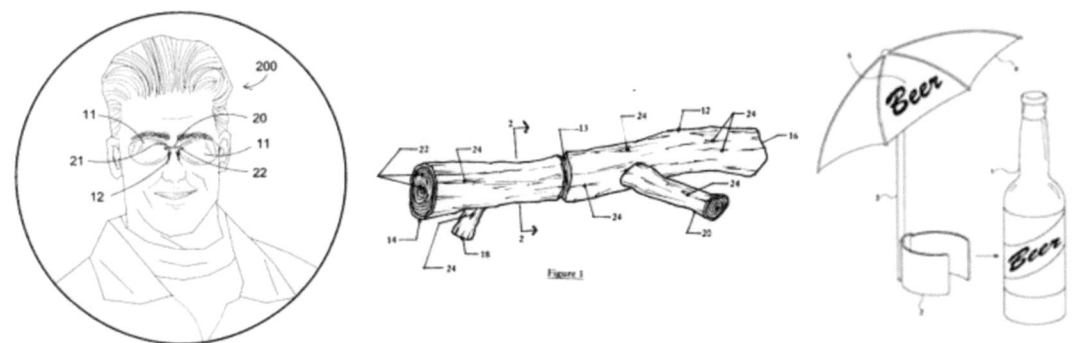

Abb. 1: Trivialpatente in den USA (aus: Oelrich (2006))

In Abbildung 1 sind drei plakative Stellvertreter aus dem US Patentrecht angeführt, die die Möglichkeit zur Patentierung von Trivialitäten veranschaulichen soll. Ganz links zu sehen ist Patent No. 6,557,994: Eine bügellose Brille, die an Piercings im Gesicht befestigt wird, in der Mitte Patent No. 6,360,693: „Animal Toy", ein künstlicher Stock, mit Hilfe dessen einem Hund das apportieren beigebracht werden soll. Ganz rechts Patent No. 6,637,447: „Beerbrella". Es gibt immer mehr Erfinder, die sich vermeintlich bahnbrechende Ideen wie die obigen schützen lassen.[14]

Für Unternehmen wird es angesichts des Patentdschungels zusehends schwieriger, ihre eigenen Produkte zu vermarkten. Zu gefährlich ist es, sich ohne Anwalt im Rücken auf den Markt zu trauen, da auf Grund von oft weit gefassten Patentschriften immer die Gefahr besteht, unwissend ein bestehendes Patent zu verletzen. Alleine der W-CDMA-Übertragungsstandard von UMTS beruht auf Techniken, von denen gut 1150 patentiert sind. Etwa 700 davon halten japanische, 300 US-amerikanische und 150 europäische Unternehmen. Um in einem komplexen Gebiet wie dem der Kommunikationstechnik ein Produkt auf den Markt zu bringen, bedarf es eines gewissen Portfolios an Patenten, die man notfalls mit anderen Unternehmen „tauschen" kann, falls man deren Patente verletzt. So wird

---

[14] Vgl. Oelrich (2006)

reger Tauschhandel unter den Big Playern betrieben, nur wer keine oder uninteressante Patente hat, muss zahlen.[15]

Jeffrey Ullman, Professor an der Stanford University, vergleicht Patente mit Landminen. Patente werden regelrecht als Waffen im Wettbewerb eingesetzt. Es wird versucht, für alles in Frage kommende ein Schutzrecht zu erlangen, damit man im Fall eines Konflikts, mit einer Gegenklage zum Konterangriff übergehen kann. Seit den 1980er Jahren steigt in den USA die Zahl der Patentanwälte schneller als die Forschungsausgaben. Da verwundert es nicht, wenn man tatsächlich vom Wettbewerb im Gerichtssaal spricht.[16]

2.3 Bisherige Patentpraxis in Europa

„Insgesamt muss festgestellt werden, dass die Rechtssprechung sich derzeit im Fluss befindet und klare Tendenzen nicht feststellbar sind."
Roman Sedlmaier, Rechtsgelehrter der Universität München[17]

Software ist in Europa vor allem durch das Urheberrecht geschützt. Eine Verletzung des Urheberrechts kommt dann zustande, wenn man Code kopiert. Wenn man eine Software zwar neu schreibt, diese aber dieselben Funktionen wie die eines patentierten Softwareprodukts bietet, findet hingegen eine Patentverletzung statt.[18]

Das EPÜ besagt, dass „die Patentierung von wissenschaftlichen Theorien, mathematischen Methoden, Heilverfahren, Pflanzensorten, Tierarten und Computerprogrammen verboten ist. Die patentierbare Idee müsste eine

---

[15] Vgl. Sietmann (2001)
[16] Vgl. Sietmann (2001)
[17] Sedlmaier (2004), S. 58
[18] Vgl. Bruns (10.12.2000)

,technische Erfindung sein'".[19] Leider gewähren das Europäische Patentamt (EPA) und europäische Richter bereits seit Jahren Patente auf Rechenprobleme, deren Lösung in einem Programm für Datenverarbeitungsanlagen (DV) als solchem besteht. Vor allem amerikanischen Unternehmen wurden bereits etwa 30.000 europäische Patente für Software zugestanden. Die Erteilung war meist durch eine breite Formulierung möglich. Sie „verkleideten" die Software als „wesensbestimmenden Bestandteil" eines technischen Geräts. Diese Patente hätten im Falle einer Anfechtung im Moment keinen Bestand vor Gericht, sie könnten aber bei einer missverständlichen Fassung einer Richtlinie zur Patentierung von Software legitimiert werden.[20]

2.4 Die EU im Zugzwang

„Wir brauchen Gewissheit darüber, was patentierbar ist, und was nicht"
Binnenmarktkommissar Frits Bolkestein Ende 2002[21]

Die EU sah sich im Zugzwang, ein einheitliches Gesetz zur Patentierung für „Computerimplementierte Erfindungen" (CIE) für Europa zu verabschieden. Die Notwendigkeit zu diesem Schritt gewann nicht nur durch die unterschiedliche Patentierungspraxis des EPAs und vieler nationalen europäischen Patentämtern an Gewicht, sondern auch durch die zunehmende Bedeutung der Information als Wirtschaftsgut. Das intellecutal property und die Potentiale die es für Unternehmen birgt, gewinnt wie an Abbildung 2 ersichtlich ist, an Bedeutung.[22]

---

[19] Mühlbauer (21.06.2002)
[20] Vgl. Mühlbauer (21.06.2002); Bruns (10.12.2000)
[21] Kafsack/Mussler (03.07.2005)
[22] Vgl. Sietmann (2001)

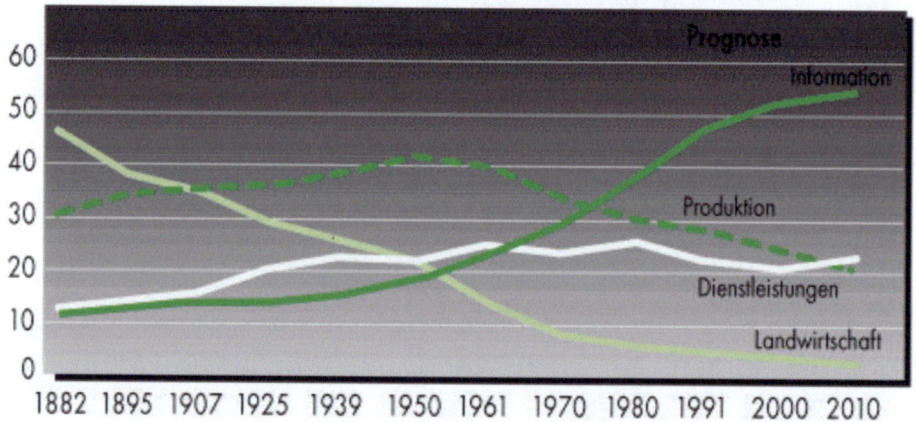

Abb. 2: „Vier Sektoren" Modell (aus: Sietmann (2001))

Mit der Entscheidung zur Vereinheitlichung des europäischen Patentrechts ging es auch darum, mit den USA und Japan gleichzuziehen. Dort ist es schon seit Jahren möglich, Software zu patentieren. In Punkto Wettbewerb fielen durch Politiker wie Klaus-Heiner Lehne (CDU) Argumente wie „[..] es sei nicht akzeptabel, dass sich die amerikanische Konkurrenz durch Patente schützen könne, während die Europäer Kopien ihrer Ideen hinnehmen müssten"[23]. Die Richtlinie war ebenfalls dafür gedacht, die De-facto-Entscheidungen von verschiedenen europäischen Gerichten rechtlich wieder einzuholen und in geregelte Bahnen zu lenken.[24]

2.4.1 WTO / TRIPS Abkommen

Nicht nur durch oben genannte Gründe, sondern auch durch das „Agreement on Trade-Related Aspects of Intellectual Property Rights" (TRIPS) von 1994 glauben sich die EU Staaten in Zugzwang.[25] TRIPS ist ein bindender Bestandteil des WTO Vertrags. Es verpflichtet die WTO Mitglieder auf ein Patentsystem, das laut Artikel 27 „jeglichen Erfindungen, ob Produkten oder Verfahren, in allen Technologiebereichen zur Verfügung

---

[23] Kafsack/Mussler (03.07.2005)
[24] Vgl. Krempl (20.02.2002)
[25] Vgl. Sietmann (06.08.2001)

stehen soll, vorausgesetzt sie sind neu, beruhen auf einem erfinderischen Schritt und sind gewerblich anwendbar".[26] Ein Erfinder soll, ganz egal welcher Herkunft, oder aus welchem Technologiefeld, diese Rechte beanspruchen können.[27]

Die Formulierung umfasst mit „jegliche Erfindungen [..] in allen Technologiebereichen" eine große Spannweite. Ob diese Formulierung jedoch auch Software umfasst, ist umstritten. Art. 10 TRIPS legt etwa fest, dass der Berner Konvention von 1971 entsprechend, Computerprogrammcode und Datenbanken nach dem Urheberrecht geschützt werden sollen.[28] Gleichzeitig besagt Art. 27, dass Patente für Erfindungen auf technischem Gebiet erteilt werden. Problematisch ist aber die Definition eines „technischen Gebietes": In der Geschichte des deutschen Patentrechts beispielsweise, hat es verschiedene nicht zufriedenstellende Definitionen gegeben. So haben etwa die deutschen Rechtsgelehrten Nastelski, Technau und Weiss, die Möglichkeit einer Definition einer technischen Erfindung verneint.[29]

Das Europäische Parlament versuchte sich am 24.09.2003 am Begriff der Technizität:

> **Artikel 2b:** „Technischer Beitrag", auch „Erfindung" genannt, bedeutet einen Beitrag zum Stand der Technik auf einem Gebiet der Technik. Die Technizität des Beitrags ist eine von vier Voraussetzungen der Patentierbarkeit. Zusätzlich muss der Beitrag neu, nicht naheliegend und gewerblich anwendbar sein. Der Einsatz von Naturkräften zur Beherrschung physikalischer Wirkungen über die digitale Darstellung von Information hinaus gehört zu einem Gebiet der Technik. Die Verarbeitung, Handhabung und Darstellung von Information gehören nicht zu einem Gebiet der Technik, selbst wenn technische Vorrichtungen für solche Zwecke verwendet werden.

---

[26] Sietmann (2001)

[27] Vgl. Sietmann(2001)

[28] Vgl. Sietmann (21.06.2002)

[29] Vgl. Sedlmaier (2004), S. 17f., zitiert nach BGBl. 1994 II, 1730 = ABl. EG L 336/213, als Anhang 1 C des Übereinkommens zur Errichtung der Welthandelsorganisation (WTO) zum 1.1. 1005 in Kraft getreten; Müller, Mitt. 1926, 122f; Reimer, PatG, 3. Aufl. 1968, § 1 PatG Rn. 1; Klauer-Möhring, Patentrechtskommentar, 3. Aufl. 1971, § 1 PatG Rnr. 2; Lindenmaier, Das Patentgesetz, 6. Aufl. 1983 § 1 PatG Rn.4.

Artikel 2c: „Gebiet der Technik" bezeichnet einen gewerblichen Anwendungsbereich, der zur Erzielung vorhersagbarer Ergebnisse der Nutzung kontrollierbarer Kräfte der Natur bedarf. „Technisch" bedeutet „einem Gebiet der Technik zugehörig"

Artikel 3: Die Mitgliedsstaaten stellen sicher, dass die Datenverarbeitung nicht als Gebiet der Technik im Sinne des Patentrechts betrachtet wird und dass Innovationen auf dem Gebiet der Datenverarbeitung nicht als Erfindungen im Sinne des Patentrechts betrachtet werden."[30].

Alle drei obigen Artikel wurden vom EU-Rat in seinem Kompromissvorschlag gestrichen, und stellen somit keine offizielle Definition der EU mehr dar.[31]

2.5 Begriffsabgrenzung

In der Presse dominieren zwei Begriffe, die beide für die selbe Sache stehen wollen: Der Begriff der „Computerimplementierten Erfindungen" (CIE) und jener der „Software Patente". Darauf, dass die beiden im Grunde verschieden auszulegen sind, wird kaum Rücksicht genommen.[32] In den nächsten Zeilen soll an Hand von Zitaten versucht werden, die Begriffslage zu klären.[33]

Hans-Peter Götting, Urheberrechtsexperte an der Technischen Universität Dresden befürchtet,

„dass in der Praxis die Grenze zwischen Software und CIE kaum zu ziehen ist".[34]

Tobias Hürter, Autor der Technology Review, schreibt:

„Die ehrliche und für Patentrechtslaien einzig natürliche Antwort lautet: Software ist Technologie und demnach grundsätzlich patentierbar. Schließlich benutzt man Programme üblicher-

---

[30] Sietmann (2004), S. 159
[31] Vgl. Sietmann (2004), S. 159
[32] Vgl. Krempl (04.04.2005)
[33] Vgl. Krempl (27.03.2003)
[34] Ermert (24.03.2005)

weise als Werkzeug und liest sie nicht wie einen Roman. Auch Patentskeptiker können dies zugestehen, ohne ihre Mission zu verraten".[35]

James Bessen von der Boston University School of Law und Robert M. Hunt von der Federal Reserve Bank of Philadelphia schreiben in ihrem Working Paper über Software Patente:

> *"We construct our own definition of a software patent (there is no official definition) [..] Our concept of software patent involves a logic algorithm for processing data that is implemented via stored instructions; that is, the logic is not 'hard-wired.' These instructions could reside on a disk or other storage medium or they could be stored in 'firmware', that is, a read-only memory, as is typical of embedded software. But we want to exclude inventions that involve only off-the-shelf software—that is, the software must be at least novel in the sense of needing to be custom-coded, if not actually meeting the patent office standard for novelty."[36]*

Robert W. Hahn and Scott Wallsten, Wissenschaftler am American Enterprise Institute:

> *"The term 'software patent' is ambiguous [..]"[37]*

Die europäische Kommission definiert CIE folgendermaßen:

> *„Unter ‚computerimplementierte Erfindung' soll jede Erfindung subsumiert werden, die sich auf einen Computer oder eine vergleichbare Vorrichtung stützt und durch Ablauf eines Computerprogramms realisiert wird"[38]*

Hendrick Kafsack und Mussler Werner, Redakteure der FAZ:

> *„Zwischen ‚computerimplementierten Erfindungen' und Software besteht ein entscheidender Unterschied. Erstere sind wirkliche Erfindungen auf computergesteuerten Maschinen, letztere Computerprogramme, die aus täglich (weiter)entwickelten Rechenregeln, Algorithmen und logischen Abläufen mit wenig Neuerungen bestehen."[39]*

Man kann an den obigen Aussagen erkennen, dass in der Begriffslage kein eindeutiger Konsens herrscht. Laut James Bessen und Robert M. Hunt gibt

---

[35] Hürter (23.11.2004)
[36] Bessen/Hunt (2004), S. 3, S. 8
[37] Hahn/Wallsten (2003), S. 3
[38] Kommission der europäischen Gemeinschaften (2002), S. 14
[39] Kafsack/Mussler (03.07.2005)

es keine offizielle Definition des Begriffes „Software Patente". Der von der europäischen Kommission neu geschaffene Begriff der „computer-implementierten Erfindungen" wird zwar von ihr auch definiert, die Grenzen zu den Definitionen der anderen Zitate verschwimmen aber. Die einzige Abgrenzung von Software Patenten zu CIE liefern die FAZ Autoren Kafsack und Mussler. Da ihre Art der Definition jedoch nicht von anderen Autoren bestätigt wird, kann dies nicht als repräsentatives Ergebnis gewertet werden.

2.6 EU Richtlinie für „Computerimplementierte Erfindungen"

2002	Feb	20.02.2002: **Vorschlag der Richtlinie**, Übermittlung an Rat u. Parlament
	Sep	19.9.2002: Stellungnahme des Wirtschaftsausschusses
	Nov	14.11.2002. Diskussionen im Rat
2003	Sep	24.09.2003: Stellungnahme Parlament 1. Lesung; Standpunkt der Kommission zu Änderungs-Anträgen der 1. Lesung des Parlaments
2004	Mai	18.05.2004: Einigung auf gemeinsamen Standpunkt von Rat und Kommission
2005	Feb	Bericht Paulsson; Warnung der Computer & Communications Industry Association
	Mrz	07.03.2005: Annahme Erklärung gemeinsamer Standpunkte; Übermittlung an Rat und Parlament
	Apr	Gutachten des deutschen Bundes-wirtschaftsministeriums
	Jul	06.07.2005 Stellungnahme Parlament in 2. Lesung; **Ablehnung**
2006	Jan	16.01.2006: **Neuer Anlauf** der Richtlinie

Abb. 3: Zeitplan EU-Richtlinie (Eigene Darstellung; Vgl. Generalsekretariat der Europäischen Kommission (2005))

Am 20. Februar 2002 wird der „Vorschlag für eine Richtlinie des europäischen Parlaments und des Rates über die Patentierbarkeit computerimplementierter Erfindungen" der EU Kommission vorgelegt.[40] Dadurch sehen Kritiker eine Ermöglichung der Patentierbarkeit fast jeder Software. Besonders kritisiert wird der Satz „[..] alle Programme, die auf einem Computer ablaufen, sind per Definitionen als technisch anzusehen (da es sich bei einem Computer um eine Maschine handelt)".[41]

Dabei soll die Richtlinie, die oft salopp als Richtlinie für Softwarepatente bezeichnet wird, verhindern, dass generell jede Software wie etwa ein Textverarbeitungsprogramm oder ein Grafikbearbeitungsprogramm geschützt werden kann. Es sollten aber solche Programmteile patentierbar werden, die direkt Maschinen antreiben, wie beispielsweise das ABS in Autos.[42]

19.09.2002: Stellungnahme des Europäischen Wirtschafts- und Sozialausschuss (EESC). Für den EESC ist „dem Patent auf Software Tür und Tor geöffnet, da programmierbare Elektronikerzeugnisse nicht ohne Software funktionieren und die Unterscheidung zwischen Software ‚als solcher' und ‚Software, die technische Effekte erzeugt', das Ergebnis juristischer Kasuistik ist und praktisch nicht definiert werden kann"[43]. Er merkt unter anderem auch an, dass der Begriff „Stand der Technik" im Bereich Software nicht definierbar sei und dass Kleine und mittlere Unternehmen (KMU) nicht „über die technischen, rechtlichen und finanziellen Ressourcen, die nicht nur zur Hinterlegung des Patents, sondern vor allem auch zur Abwehr von Klagen in Sachen Fälschung, die im Softwarebereich

---

[40] Vgl. Kommission der Europäischen Gemeinschaften (2002)
[41] Vgl. Mühlbauer (21.06.2002)
[42] Vgl. Die Zeit (2005)
[43] Europäischer Wirtschafts- und Sozialausschuss (2002)

besonders leicht angestrengt werden können"[44], verfügen. Es wird empfohlen, den Richtlinienvorschlag zu überarbeiten.[45]

14.11.2002: Der Europäische Rat nimmt die Empfehlungen des EESC zur Kenntnis, verbleibt aber bis zur 1. Lesung des Parlaments und dessen Stellungnahme beim Richtlinienvorschlag in der momentanen Form.[46]

24.09.2003: Das Europäische Parlament billigt den Richtlinienvorschlag, behält sich aber einige Änderungen des Vorschlags, in Summe 21, vor. Insgesamt summieren sich die Änderungsanträge für die Richtlinie bis zu deren Ablehnung auf 216. Der schließlich daraus resultierende Textvorschlag wird als „demokratisches Wrack" bezeichnet.[47]

18.05.2004: Der Rat und die Kommission einigen sich. Beide befinden, dass ausreichende Änderungen am ursprünglichen Vorschlag vorgenommen wurden, so dass weder Groß- noch Kleinunternehmen bevorteilt werden und Neuerungen auf dem Softwaremarkt nicht behindert werden.[48]

Im Februar 2005 warnt die schwedische Juristin Sandra Paulsson in Ihrem Report, der als Entscheidungshilfe für das EU-Parlament dienen sollte, vor „amerikanischen Verhältnissen". So soll das Kriterium des technischen Beitrags, das vor Trivialpatente schützen soll, sich auch im US-amerikanischen Gesetzestext wieder finden. Allgemein befindet sie, dass die Unterschiede zwischen dem Patentsystem der USA und dem

---

[44] Europäischer Wirtschafts- und Sozialausschuss (2002)
[45] Vgl. Europäischer Wirtschafts- und Sozialausschuss (2002)
[46] Vgl. Europäischer Rat (2002)
[47] Vgl. Europäisches Parlament (2002); Krempl (23.05.2005)
[48] Vgl. Europäische Kommission (2004)

Richtlinienentwurf in Europa geringer sind als oft behauptet wird. In der Praxis könnten sie schließlich zu ähnlichen Ergebnissen führen.[49]

Ebenfalls im Februar 2005 warnt die Computer & Communications Industry Association (CCIA) vor der Verabschiedung der Richtlinie in der damaligen Fassung. Die CCIA ist ein weltweiter Branchenverband mit Sitz in Washington. Mitglieder sind u.a. auch Microsoft und Sun, die sich bisher für eine breite Patentierbarkeit von Software eingesetzt haben. Sie weisen in einem Schreiben an die EU-Minister darauf hin, dass „die Ratsversion der umstrittenen europäischen Richtlinie zu computerimplementierten Erfindungen zu zahlreichen ungerechtfertigten Patenten auf die meisten Softwarebausteine führen würde."[50] Die einzigen Nutznießer dieser Situation wären Marktgrößen, Spekulanten und Zwischenhändler. Die CCIA empfahl einen Neustart des gesamten Verfahrens.[51]

07.03.2005: Der Europäische Rat stimmt mit qualifizierter Mehrheit für die Änderungen am Richtlinienvorschlag. Dagegen stimmt nur Spanien. Österreich, Italien und Belgien enthalten sich. Der geänderte Entwurf wird an das Parlament weitergeleitet, das ihn in der 2. Lesung erneut prüft.[52]

Im April 2005 kritisieren Prof. Dr. Norbert Pohlmann und Prof. Dr. iur. Andreas Müglich von der Fachhochschule Gelsenkirchen in ihrem im Auftrag des deutschen Bundeswirtschaftsministeriums erstellten Gutachten, besonders das Fehlen von brauchbaren Ansätzen zur Herstellung von Interoperabilität. Mehr als 50 % der Unternehmen in Deutschland hätten ihr Geschäftsmodell auf die individuelle Anpassung von Software an den Kunden ausgerichtet. Diese Unternehmen seien damit auf Interoperabilität, also auf leichte Verknüpfungsmöglichkeiten unterschiedlicher

---

[49] Vgl. Krempl (17.02.2005)
[50] Krempl (17.02.2005)
[51] Vgl. Krempl (17.02.2005)
[52] Vgl. Europäischer Rat (2005)

Betriebssysteme, Anwendungen und Softwarebibliotheken angewiesen. Patente auf solche Komponenten könnten internationale Konzerne nutzen, um kleineren Herstellern das Wissen über die Schnittstellen vorzuenthalten und sie damit dem Untergang zu weihen. Als Beispiel wird in der Studie Microsoft angeführt. Der Konzern lässt angeblich spezielle Schnittstellen undokumentiert, damit ein bestimmter Markt von keiner anderen Firma besetzt werden kann.[53]

06.07.2005: Schon im Vorfeld der Abstimmung war zwischen Lobbyisten und Fachpolitikern klar: „Besser keine Richtlinie, als eine Schlechte". Das EU Parlament lehnt daraufhin die Richtlinie nach zweieinhalbjährigem Ringen „mit überwältigender Mehrheit"[54] ab. Es stimmen 648 von 680 Abgeordneten gegen die Richtlinie, nur 14 stimmen gegen die vorzeitige Absetzung des Vorschlags und 19 enthalten sich der Stimme. Das Parlament vertritt außerdem auch die Meinung, dass das TRIPS-Abkommen keinen Patentschutz für Software an sich verlangt."[55] Nach der Ablehnung gilt vorerst weiter das Urheberrecht für Software. Der damalige EU-Kommissar Joaquin Almunia schließt einen erneuten Anlauf aus.[56]

Im Januar 2006 passiert dennoch der Startschuss zu einem „letzten Anlauf" für das Gemeinschaftspatent. Ausgegangen ist die Aktion vom EU-Binnenmarktkommissar Charlie McCreevy. Zuerst will er eine Konsultierungsrunde mit der Wirtschaft und Interessensverbänden durchführen. Dadurch erhofft sich die Kommission Hinweise zur Patentierungsstrategie in Europa und damit eine schnellere Möglichkeit zur Verabschiedung der Richtlinie. Auch wird eine Reihe neuer Ansätze vorgeschlagen. So sollen etwa unterschiedliche nationale Patente anerkannt werden. Es gibt neue

---

[53] Vgl. Müglich/Pohlmann (2005), S. 3, S. 27
[54] Die Zeit (2005)
[55] Krempl (23.05.2005)
[56] Vgl. Die Zeit (2005); Krempl (06.07.2005); Krempl (05.07.2005); Spiegel Online (06.07.2005)

Regelungen für Vorgehensweisen im Falle von Patentstreitigkeiten und sonstige Verbesserungen des bisherigen Vorschlags. Auch Gegner und Befürworter bereiten sich auf einen neuen Anlauf vor.[57]

2.6.1 Unterstützer und Kritiker

Unterstützer der Richtlinie sprechen von einer Verbesserung der Wettbewerbsposition für europäische Unternehmen gegenüber jenen in den USA und Japan. Durch die Richtlinie könnten Verlagerungen in Billiglohnländer vermieden werden. Sie erwähnen im Zusammenhang mit der Richtlinie auch eine allgemeine Begünstigung von Innovation und Investition.[58]

Uwe Schrieck, Patentanwalt und strategischer Leiter bei Siemens, kritisiert an dem Richtlinienvorschlag lediglich, dass eine „industrielle Anwendbarkeit" einer Erfindung Voraussetzung für eine Patentwürdigkeit ist. Das sei gerade bei Verfahren im Mobilfunkbereich nicht möglich. Ansonsten setzt er sich für den Gleichzug mit den USA und Japan ein: Siemens leiste den „großen Teil der Wertschöpfung durch 'Embedded'-Software. Da müssen wir unsere Forschung und Entwicklung absichern und uns gegen Wettbewerber absetzen"[59]. Sonst bestehe die Gefahr, dass Konkurrenten die Forschungsergebnisse direkt übernehmen können.[60]

Der deutsche Zentralverband Elektrotechnik- und Elektronikindustrie (ZVEI) warnt, dass es ohne Patentschutz auf computerimplementierte Erfindungen weniger Innovationen gebe. So gebe es in der Elektrotechnik, Elektronik und vermehrt auch in der Automobilindustrie immer mehr Innovationen die mit computerimplementierten Erfindungen gleichzustellen sind. In Zeiten steigender Forschungs- und Entwicklungsarbeit sei

---

[57] Vgl. Krempl (16.01.2006); Krempl (21.01.2006)
[58] Vgl. Richter (2003)
[59] Krempl (22.10.2004)
[60] Vgl. Krempl (22.10.2004)

die rechtliche Absicherung der eigenen Forschung die Voraussetzung für einen angemessenen Return on Investment.[61]

Gegner und Kritiker der Richtlinie befürchten, dass große Konzerne bevorteilt werden könnten. Es bestehe die Möglichkeit, dass die Großen am Ende Patentoligopole bilden könnten. Am härtesten würde es die Open Source Szene treffen. Die freien Entwickler sind auf die allgemeinen freien Programmelemente angewiesen. Die Patentierung eben dieser würde Lizenzgebühren nach sich ziehen. Linux, als typischer Vertreter von frei verfügbarer Software, könnte durch die Richtlinie also kostenpflichtig werden.[62]

Open Source Entwickler fürchten durch die Ermöglichung der Patentierung reiner Software, dass proprietär ausgerichtete, finanziell und rechtlich gut gerüstete IT-Unternehmen ihnen ihre freie Software „wegpatentieren" könnten. Wenn künftig, wie in den USA, sehr weit gefasste Patente gewährt würden, wären in Folge auch allgemein gängige Programmfunktionen patentierbar. Im Moment ermöglicht es das Urheberrecht Mechanismen nachzubauen. Patente können das verhindern. So ist es ein gängiges Mittel von Open Source Programmierern, Programme zu coden, die mit kommerzieller Software kompatibel sind. Das könnte ein Halter eines betroffenen Patents wirksam verhindern.[63]

Freie Entwickler fürchten sich außerdem vor unbewussten Vergehen gegen ein Patent. Im Moment sind bereits 30.000 Patente in Europa erteilt worden, die eindeutig Software beschreiben. Alleine diese zu kennen, scheint unmöglich. Abbildung 4 zeigt den starken Anstieg von Patentanträgen in den USA, nach dem das US-Patent Office (USPTO) erstmals Schutzrechte auf Software erteilt hat. Es ist absehbar, dass die Situation

---

[61] Wilkens (12.04.2005)
[62] Vgl. Richter (2003)
[63] Vgl. Sietmann (2001);

in Europa eine ähnliche sein würde. Damit wäre es bald nötig, tausende von Patentschriften zu durchforsten, denn wenn sich ein Entwickler nicht schadenersatzpflichtig machen will, muss er seinen Code ständig überprüfen.[64]

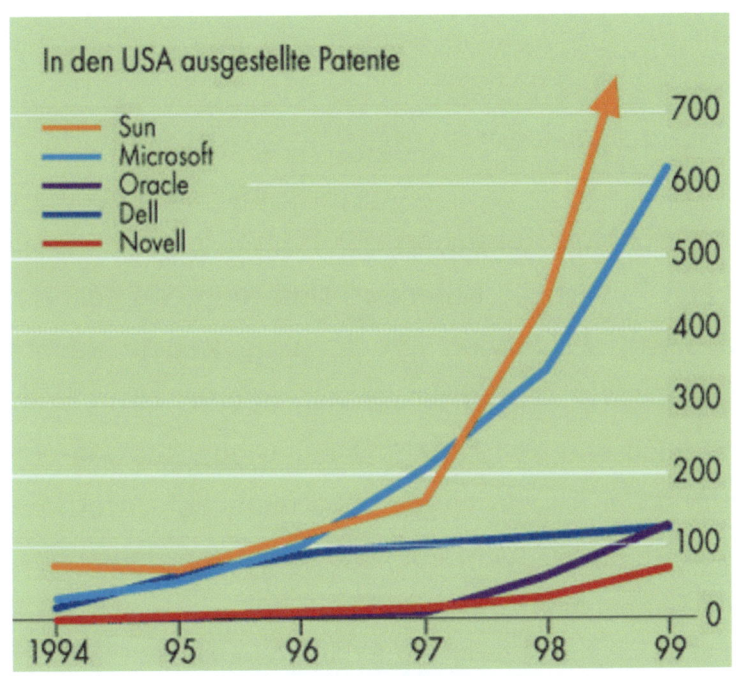

Abb. 4: In den USA ausgestellte Patente (aus: Sietmann (2001), zitiert nach Auigin System)

Die vom deutschen Bundespräsidenten ernannte Monopolkommission schreibt in ihrem 14. Hauptbericht, dass Europa mit 37 % zur Entwicklung von Linux beiträgt, die USA im Vergleich nur mit 12 %. Dies bestärkt die Befürchtung, dass ein verstärkter Patentschutz sich negativ auf die Innovationsfähigkeit der Open Source Industrie auswirken wird.[65] Dieser Meinung ist man auch auf politischer Ebene. Der französische Industrieminister Christian Pierret ließ etwa 2002 den zuständigen EU Kommissaren einen Protestbrief zukommen. Er bezog sich aber auf die ganze In-

---

[64] Vgl. Sietmann (2001); Richter (2003); Mühlbauer (21.06.2002); Bruns (10.12.2000); Die Zeit (2005)
[65] Vgl. Richer (2003)

dustrie, schränkte seine Befürchtungen also nicht nur auf die Open Source Szene ein.[66]

2.6.2 Im Zeichen des Lobbyismus

„Gehaltszahlungen, Einladungen und sanfter Druck: Unternehmen aller Branchen üben die fürsorgliche Belagerung von Politikern und Beamten und formulieren die Gesetze mit"

Götz Hamann, Redakteur „Die Zeit"[67]

Michael Greven, Politikprofessor an der Hamburger Universität stellt fest, dass Politiker seit Jahren die Nähe von Unternehmen suchen. Als Ursache nennt er den stetig steigenden Druck, neue Regeln zu schaffen. Diese würden einmal durch kleine Interessensgruppen, dann vom technischen Fortschritt und auch von der Zunahme der Globalisierung erzwungen. Das Wissen rund um diese Regeln würde zusehends bei Unternehmen gesucht. So komme auch keine EU-Richtlinie und kaum ein deutsches Gesetz ohne Mitwirkung von Lobbyisten zustande.[68]

Bei beiden Lagern, den Gegner und den Befürwortern der EU-Richtlinie für CIE, warben die Lobbyisten bis in letzter Minute für ihren jeweiligen Standpunkt. Anfang Mai 2005 reihte sich ein Lobbytermin an den anderen. Unter anderem haben die European Internet Foundation zu einer Früh-stücksdiskussion mit Softwarepatentbefürwortern geladen. Die Gegner trafen sich auf einer Konferenz der „Foundation for a Free Information Infrastructure" (FFII), die eine „Banana Union verhindern wollte" (siehe Abbildung 5), und tags darauf auf einer Konferenz mit Richard Stallman, dem Pionier der freien Softwarebewegung.[69]

---

[66] Vgl. Roller (15.03.2002)
[67] Hamann/Hildebrandt/Fritz-Vannahme (2005), S. 1
[68] Vgl. Hamann/Hildebrandt/Fritz-Vannahme (2005), S. 1f.
[69] Vgl. Krempl (13.05.2005)

Weiters haben deutsche börsennotierte Unternehmen wie 1&1 Internet und buch.de noch kurz vor der zweiten Lesung, zusammen mit Vertretern aus dem deutschen Bundestag, in einem eindringlichen Schreiben auf sich aufmerksam gemacht. Sie sehen durch die Richtlinie tausende deutsche Arbeitsplätze bedroht. Die Gegenseite argumentiert ähnlich. Die Vorstandsvorsitzenden von renommierten Unternehmen wie Siemens, Alcatel, Ericsson, Nokia und Philips warnen in einem Schreiben davor, den Entwurf des Rates zu verändern. Sie sehen Hightech Konzerne ebenso in Gefahr, wie die Beschäftigung in Europa und Investitionen in Zukunftstechnologien.[70]

Abb. 5: FFII Leitspruch (aus: FFII (2006))

Die Verbände präsentierten sich in einem medienwirksamen Auftritt: Die Abgeordneten wurden schon früh morgens vor dem Parlamentgebäude von einer Schar der FFII begrüßt. Sie machten mit gelben T-Shirts mit der Aufschrift „Power to the Parliament – No Softwarepatents" auf sich aufmerksam. Unterstützer hatten dagegen eine Yacht gemietet, die am Flussübergang zwischen Sitzungs- und Arbeitsgebäude mit der Aufschrift „Stimmen Sie für die Richtlinie: Patente = Europäische Innovation" ankerte. Um die Yacht gesellten sich im weiteren Verlauf auch FFII Protestanten mit einer Reihe von Kajaks, mit dem Motto „Softwarepatente töten die Innovation" auf ihren Transparenten (siehe Abb. 6).[71]

---

[70] Vgl. Krempl (04.07.2005)
[71] Vgl. Krempl (06.07.2005)

Abb. 6: Befürworter Yacht, Gegner Kajak (aus: Krempl (2005), S.44)

Die Aktionen der Lobbyisten blieben nicht immer sachlich. Die Business Software Alliance (BSA) beispielsweise, die vor allem die Interessen von Konzernen wie Apple, Microsoft, IBM und SAP vertritt, löste Unmut aus. Sie haben Postkarten mit Slogans, die bei einer Ablehnung des Ratsvorschlags vor „den negativen Auswirkungen auf unsere Kinder"[72] warnen, an Patentanwälte verschickt. Diese wurden aufgefordert, die Karten im eigenen Namen an die EU-Kommission oder an Parlamentarier zu verschicken.[73]

Im Nachfeld des Lobbyismus rund um den Richtlinienentwurf wurde Ende 2005 erstmals der „Worst EU Lobbying Award" verliehen. Bei diesem Negativpreis sollte ermittelt werden, wer ein möglichst raffiniertes und verdecktes Lobbying betreibt. Ausgeschrieben wurde der Preis von vier Interessensgruppen, der Corporate Europe Observatory, der deutschen Lobbycontrol, den Friends of Earth Europe und Spinwatch. Eindeutiger Sieger der öffentlichen Abstimmung war mit 87 % der Stimmen die Camapaign for Creativity. Die Lobbygruppe wird von Softwarefirmen wie

---

[72] Krempl (09.06.2005)
[73] Vgl. Krempl (09.06.2005)

Microsoft, SAP und Wibu Systems gesponsert und machte sich bei den Parlamentariern für Softwarepatente stark. Amüsant ist übrigens der zweite Platz von ExxonMobil. Sie gaben zwischen 2000 und 2003 insgesamt 8 Millionen US-Dollar für Studien aus, die nachweisen sollten, dass der globale Klimawandel ein politischer Scherz sei.[74]

2.6.3 Stimmen zur Entscheidung

Axel Metzger vom Institut für Rechtsfragen der Freien und Open Source Software meint, dass das Scheitern der Richtlinie aufzeigt, wie stark die öffentliche Meinung die europäische Gesetzgebung beeinflussen kann. Leider steht aber nun den Patentämtern und Gerichten der EU-Staaten weiterhin frei, ob auf nationaler Ebene Software „an sich" patentierungswürdig ist, oder nicht.[75]

In Deutschland sprechen industrienahe Branchenvereinigungen von einer Enttäuschung. Der ZVEI und der Bundesverband der Deutschen Industrie, glauben, dass eine Chance zur Harmonisierung der Patentierungspraxis in Europa verpasst worden sei. Sie sind der Meinung, dass eine Ablehnung einer Richtlinie, die die bestehenden Patentierungsmöglichkeiten aufweiche, die bessere Lösung sei. Dennoch sind sie zusammen mit dem Branchenverband Bitkom der Meinung, dass der Schutz des geistigen Eigentums „Voraussetzung für die Sicherung der Innovations- und Wettbewerbsfähigkeit eines Hightech-Standortes Deutschland"[76] bleibt. Vertreter des deutschen Mittelstands zeigten sich nach der Abstimmung erleichtert. Ihnen wäre jedoch eine klare Begrenzung der Softwarepatentierung und damit eine Vereinheitlichung lieber gewesen.[77]

---

[74] Vgl. Borchers (14.12.2005), Borchers (24.11.2005)
[75] Vgl. Krempl (06.07.2005)
[76] Krempl (07.07.2005)
[77] Vgl. Ihlenfeld (06.07.2005), Krempl (07.07.2005)

Neben der Ablehnung des Richtlinienvorschlags gehört für Herrmann Gfaller, Redakteur von ZDNet zum sichtbarsten Lobbying-Ergebnis, dass selbst Brüssel und Strassburg, statt von „computerimplementierten Erfindungen", von „Software Patenten" sprechen. Auch die Abstimmung die schließlich zum vorzeitigen Ende des Vorschlags führte, wurde unter diesem, eigentlich falschen Titel geführt. Fraglich findet er, ob das Parlament Europa tatsächlich einen Dienst erwiesen hat. Bei der Ablehnung der Richtlinie sei nur die Vereinheitlichung gescheitert. Sie hätte letztendlich eine starke gemeinsame Haltung im internationalen Wettbewerb ermöglicht. Die Gegner der CIP seien nicht nur gescheitert sondern haben sogar noch das Gegenteil erreicht, schreibt er. Die einzelnen Staaten der EU vergäben nämlich ihre Patente nach wie vor nach unterschiedlichen Vorgaben.[78]

Gfaller beschreibt auch die Faktoren, die bei einer Wiederaufnahme der Verhandlungen seiner Meinung nach zu einem Erfolg führen werden: Er spricht etwa von einer ehrlicheren Argumentation auf beiden Seiten. Die Haltung, dass Software als immaterielles Gut per Definition nicht patentierbar sei, hat für ihn ebenso wenig mit der Wirklichkeit zu tun, als dass jede kleine Innovation als Erfindung durch gehen soll. Die Schlüsselfaktoren seien der Begriff der Erfindungshöhe und der Schutz kleiner innovativer Unternehmen.[79]

---

[78] Vgl. Gfaller (06.07.2005)
[79] Vgl. Gfaller (06.07.2005)

2.7 Sind Software Patente trivial?

„Trivialpatente gilt es unbedingt zu verhindern - sie desavouieren das ganze System."

Ministerialdirektor Dr. Elmar Hucko, Leiter der Abteilung Handels- und Wirtschaftsrecht im deutschen Justizministerium[80]

Viele Patente der letzten Jahre aus dem Bereich der Datenverarbeitung stellten sich als trivial heraus. Laut Patentanwalt Axel Pfeiffer, werden allgemein Patente auf Software, ausgehend vom heutigen Wissen, in den meisten Fällen als trivial angesehen. So schreibt er einen Teil dieser Auffassung „ex-post-Betrachtungen"[81] zu. Dabei handelt es sich meist um US-Patente mit frühen Anmeldetagen, die wegen ehemals anderen Laufzeitbestimmungen in den USA noch heute gültig sind. Dadurch ließen sich aber nicht alle Trivialitätswahrnehmungen erklären.

Beispiele für „Bauchschmerzpatente" sind etwa „Der elektronische Einkaufswagen" oder „Das Lernen einer Sprache durch Vergleich der eigenen Aussprache mit der eines digitalen Lehrers".[82] Pfeiffer verneint nicht, dass durchaus Triviales patentiert wird. Seiner Meinung nach sind aber die Darstellungen der Patentgegner, die sich in einem „Gestrüpp von Trivialpatenten" stehen sehen, übertriebene Rhetorik.[83]

Dr. Peter Gerwinski, FFII und Geschäftsführer der G-N-U GmbH in Essen über das Problem der Trivialität:

> *"Die Komplexität von Software - also das, was man eventuell als Innovation schützen will - offenbart sich nicht in den Einzelteilen oder Kombinationen von zwei oder drei dieser Teile, sondern in der Kombination von Millionen Einzelteilen. Hier jedoch bewegt man sich nicht auf dem Gebiet der Patente sondern auf dem des Urheberrechts.*

---

[80] Sietmann (2004), S. 158
[81] Pfeiffer (2004), S. 25
[82] Vgl. Mühlbauer (21.06.2002)
[83] Vgl. Pfeiffer (2004), S. 25f.

Dies ist genau wie bei Romanen: Die schützenswerte Arbeit ist das kreative Kombinieren von Millionen Einzelteilen (Code-Zeilen bzw. Wörtern), die jedes für sich trivial sind. Das Werk als Ganzes ist kompliziert - und urheberrechtlich geschützt. Der Versuch, auch die Einzelteile patentrechtlich zu schützen, erzeugt notwendigerweise Trivialpatente. Es ist kein Zufall, dass Software-Patente so trivial sind."[84]

Der Patentanwalt Rolf W. Einsele bestreitet zwar den Sinn des Begriffs der Trivialpatente, er geht aber vom selben Ansatz aus wie Gerwinski. Auch er sieht die Trivialität bedingt durch die kleinen Einheiten am Ganzen. Er findet deren Patentierung aber durchaus als gerechtfertigt.[85]

2.7.1 Beispiele aus dem Europäischen Patentamt

Der FFII hat aus den rund 30.000 bereits vom EPA gewährten Schutzrechten auf Software eine Liste „nahezu zufällig"[86] ausgewählter Schutzrechte angefertigt. Diese Liste soll repräsentativ für den bisherigen Maßstab des EPAs hinsichtlich Erfindungshöhe und Technizität sein. An dieser Stelle einige plakative Beispiele:[87]

- **Patent zur automatisierten Medizinischen Diagnose**
  Anmelder: TOKYO SHIBAURA ELECTRIC CO (JP)
  Erfinder: TAKEHIRO (JP); KENICHI (JP); SHINICHI (JP)
  Veröffentlichungsdatum: 1992-05-27
  Patentkennung: EP0487110
  Dieses Patent deckt alle möglichen Arten einer automatisierbaren Analyse von medizinischen Daten ab. Die nötigen Merkmale sind, dass ein Bild erstellt wird und unter Verwendung von computerunterstützten Diagnosealgorithmen abnormale Abschnitte erfasst werden. Eine automatisierbare Analyse unterliegt somit diesem Patent, gleichgültig was für ein Algorithmus verwendet wird. Abschnitt 2 und 3 der Patentschrift

---

[84] Schmidt (2006)
[85] Vgl. Mühlbauer (07.07.2004)
[86] Foundation for a Free Information Infrastructure (2005)
[87] Vgl. Foundation for a Free Information Infrastructure (2005)

erweitern den Patentanspruch um eine Datenbank und ein Netzwerk. In Abschnitt 5 wird die „Erfindung" hinzugefügt, dass das System ein Bild kennzeichnen kann, ob ein Arzt es gesehen hat, oder (noch) nicht.[88]

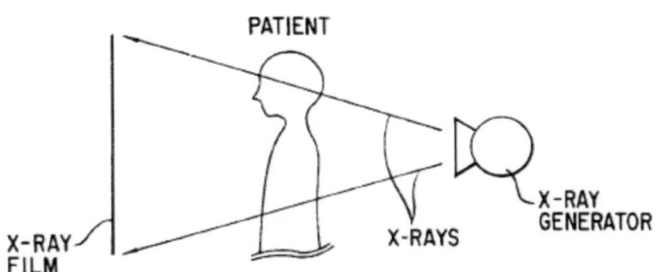

Abb. 7: Automatisierte medizinische Diagnose (aus: FFII (2005))

- **Patent zur Sprachfernsteuerung eines Computers**

Anmelder: IBM (US)

Erfinder: DAO VINH DANH (US); KUSNITZ JEFFREY ALAN (US)

Veröffentlichungsdatum: 1993-03-03

Patentkennung: EP0529915

Dieses Patent deckt im engeren Sinne alle Verfahren ab, die zur Fernsteuerung eines Computers verwendet werden können. Beispiele können hier etwa Internet surfen ohne Handbewegung, E-Shopping von der Küche aus, diktieren eines Briefes, etc. sein. Im weiteren Sinne ist die Sprachsteuerung an sich geschützt. Voraussetzung ist lediglich, dass Benutzeroberfläche und Anwendungslogik voneinander getrennt sind.[89]

---

[88] Vgl. Foundation for a Free Information Infrastructure (2005)
[89] Vgl. Foundation for a Free Information Infrastructure (2005)

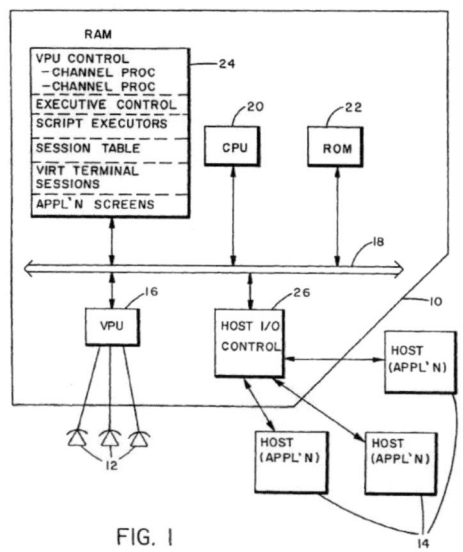

RAM
VPU CONTROL
-CHANNEL PROC
-CHANNEL PROC
EXECUTIVE CONTROL
SCRIPT EXECUTORS
SESSION TABLE
VIRT TERMINAL SESSIONS
APPL'N SCREENS
24
20
22
CPU
ROM
18
16
26
10
VPU
HOST I/O CONTROL
HOST (APPL'N)
HOST (APPL'N)
HOST (APPL'N)
12
14

FIG. I

Abb. 8: Fernsteuerung eines Computers (aus: FFII (2005))

- **Patent auf das Erzeugen von Einkaufszetteln aus Kochrezepten**

  Anmelder: RECEPT OMAAT C V (NL); LOOSBROEK ALBERT ADRIAAN MARIA (NL)

  Erfinder: VAN LOOSBROEK ALBERT ADRIAAN M (NL)

  Veröffentlichungsdatum: 1995-11-02

  Patentkennung: [_] WO9529453

  Dieser Patentschutz umfasst jegliche Verfahren zur Aufnahme von Kundenwünschen nach Speisen, welches dann eine detaillierte Einkaufsliste mit den jeweiligen Zutaten und deren Lagerorten, etwa in Supermärkten erstellt.[90]

[90] Vgl. Foundation for a Free Information Infrastructure (2005)

Abb. 9: System zur Erzeugung von Kochrezepten (aus: FFII (2005))

- **Patent auf eine Brotbackmaschine und einem Kodierungssystem dafür**

Erfinder: YUNG SIMON K C (HK)

Veröffentlichungsdatum: 1998-01-06

Patentkennung: US5704277

Dieses Patent deckt den Vorgang des Brotbackens mit Hilfe eines Computerprogramms ab. Es ist unwesentlich, wie man abtastende und eingreifende Elemente des Ofens konzipiert. Jeder Backofen, bei dem man zwischen verschiedenen Backprogrammen wählen kann (vergleichbar mit Waschprogrammen bei einer Waschmaschine), verletzt dieses Patent.[91]

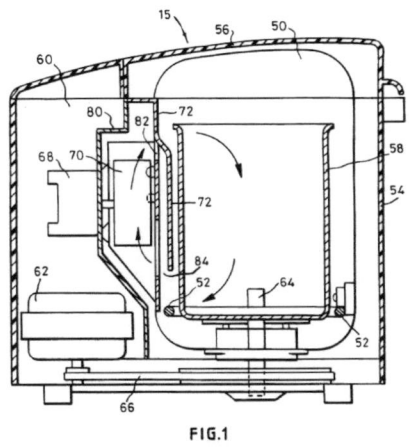

Abb. 10: Brotmaschine und Codierungssystem dafür (aus: FFII (2005))

---

[91] Vgl. Foundation for a Free Information Infrastructure (2005)

2.7.2 Wieso ist Trivialität schwer zu erkennen?

Laut Richard Stallman sind sich Programmierer darüber bewusst, dass viele Software Patente trivial sind. Dennoch sprechen die Befürworter davon, dass erst im Nachhinein, wenn sich die Industrie in einem fortgeschritteneren Entwicklungsstand befindet als zum Zeitpunkt der Zuteilung des Patents, von Offensichtlichkeit die Rede sein kann. Es sei auch überraschend schwierig diese Argumente aus dem Weg zu räumen. Er schreibt dies der oft sehr komplexen und ausufernden Formulierungen der Patentschriften zu.[92]

Ein Beispiel aus einer Patentanmeldung beim US-Patentamt von 1996: Anspruch 1, Patent Nummer 5,963,916:

> "1. A method for enabling a remote user to preview a portion of a pre-recorded music product from a network web site containing pre-selected portions of different pre-recorded music products, using a computer, a computer display and a telecommunications link between the remote user's computer and the network web site, the method comprising the steps of:
>
> > a) using the remote user's computer to establish a telecommunications link to the network web site wherein the network web site comprises (i) a central host server coupled to a communications network for retrieving and transmitting the pre-selected portion of the pre-recorded music product upon request by a remote user and (ii) a central storage device for storing pre-selected portions of a plurality of different pre-recorded music products;
> >
> > b) transmitting user identification data from the remote user's computer to the central host server thereby allowing the central host server to identify and track the user's progress through the network web site;
> >
> > c) choosing at least one pre-selected portion of the pre-recorded music products from the central host server;
> >
> > d) receiving the chosen pre-selected portion of the pre-recorded products; and
> >
> > e) interactively previewing the received chosen pre-selected portion of the pre-recorded music product."[93]

---

[92] Vgl. Stallman (26.05.2000)

[93] Stallman (26.05.2000)

Der obige Text mutet auf den ersten Blick komplex an, ist aber vereinfacht dargestellt sehr trivial:

1. Auf einem Server befindet sich eine Auswahl von verschiedenen Musikstücken und ein User kann sie sich anhören.

    a. Der Server ist verbunden mit einem Netzwerk (typisch für Server), der Benutzer verbindet sich über das Netzwerk mit dem Server (der übliche Weg sich eines Servers zu bedienen) und der Server ist mit dem Internet verbunden (ebenfalls typisches Merkmal von Servern). Außerdem werden die Musikstücke auf einer Festplatte gespeichert (Stallman ironisch: Seit 1980 bedient man sich einer Festplatte, um Dinge darauf zu speichern).

    b. Der Server stellt die Identität des Benutzers und sein Verhalten fest (allgemein üblich für Server).

    c. Der User klickt auf einen Link, um zu zeigen wohin er will (typisch für das Internet an sich)

    d. Wenn man durch einen Link weitergeleitet wird, interpretiert ein Browser den Seiteninhalt (typisches Verhalten eines Browsers)

    e. Der Browser spielt die Musik ab (die meisten Browser machen das, wenn man zu einer Audio Datei weitergeleitet wird)[94]

Stallman sieht das obige Beispiel als typischen Vertreter eines trivialen Softwarepatents. Dinge, die für Computer, Server, Netzwerke, Web- und Web-Browser üblich sind, wurden zusammen mit zwei Zeilen, in der die Verfasser ihre eigene Idee beschreiben, in ein schwer zu lesendes Textungetüm umgewandelt, für welches ihnen schließlich das Schutzrecht zugestanden wurde. „Nicht nur das US-Patentamt, sondern auch US-Gerichte tendieren zu niedrigen Standards wenn sie beurteilen müssen, ob Patente

---

[94] Vgl. Stallman (2000)

,nicht offensichtlich' sind,"[95] deshalb würde dieses Patent seiner Meinung nach selbst einer gerichtlichen Anfechtung standhalten.[96]

2.8 Sind Software Patente Wachstumshemmend?

„Zahlreiche wissenschaftliche Studien belegten empirisch wie theoretisch, dass Softwarepatente Innovation eher bremsen, als sie zu fördern."
Peter Mühlbauer, Redakteur „Telepolis" [97]

Die Einführung des Patentsystems sollte bewirken, dass Erfindungen öffentlich gemacht werden. Dafür erhielt der Erfinder ein zeitlich befristetes Monopol, das von der Dauer her an die damalige Geschwindigkeit des technischen Fortschritts angepasst war. Aus diesem Grund wird der Erfinder durch das Patentrecht dazu verpflichtet, seine Erfindung offen zu legen. Die momentane Dauer von 20 Jahren ist auf die Entwicklung des industriellen Zeitalters zugeschnitten. Was für eine technische Erfindung vor hundert Jahren eine relativ kurze Zeitspanne war, ist für die Software Entwicklung im 21. Jahrhundert sehr lang. Software hat eine sehr schnelle Entwicklungszeit und daher wirkt die 20 jährige Monopolfrist, wie wenn das Patent für die Dampfmaschine erst beim Erscheinen des Verbrennungsmotors freigegeben worden wäre.[98]

Peter Mühlbauer, vom Magazin „Telepolis", stellt den Schutz von Software grundsätzlich in Frage, weil Entwickler trotz der relativ kurzen Produktionszyklen (18 Monate bis 3 Jahre) einen automatischen Zeitvorteil gegenüber der Konkurrenz haben. Sie können über eine gewisse Zeit-

---

[95] Stallman (2000)
[96] Vgl. Stallman (2000)
[97] Mühlbauer (21.06.2002)
[98] Vgl. Mühlbauer (21.06.2002)

spanne, bis die Konkurrenz mit Eigenprodukten auf den Markt kommt, höhere Preise verlangen, und so ihre Kosten wieder einspielen.[99]

Die Pariser Hochschule für Technik „Ecole des Mines" befasste sich in einer Studie mit den Gefahren, die von Softwarepatenten „auf amerikanische Art" für die europäische IT Branche ausgehen. Die Studie befindet, dass die in den USA „reichlich ausgeschöpfte"[100] Patentierung von Softwarepatenten dazu geführt hat, dass „Innovationen abgewürgt werden, indem das Terrain für Neuankömmlinge in der Branche vermint wird"[101]. So hat beispielsweise Microsoft mehr Anwälte auf der Gehaltsliste, als Yahoo Mitarbeiter. Der Grund für diese Menge an Anwälten dient den Parisern zufolge dazu, mögliche neue Konkurrenz schon in den Anfängen zu stoppen. So sei es üblich, finanziell schwache Kleinunternehmen mit Prozessen zu bedrohen. Die Studie warnt ebenfalls von einer zu langen Gültigkeitsdauer von Softwarepatenten. Innovationszyklen seien in diesem Bereich eher bei drei Jahren anzusiedeln.[102]

Das Niederländische Wirtschaftsministerium veröffentlichte im August 2004 eine Studie von PriceWaterhouseCoopers (PWC) mit dem Titel „Rethinking the European ICT Agenda – Ten ICT breakthroughs for reaching Lisbons goals". Die Diskussion um Software Patente in Europa stellen laut PWC eine besondere Gefahr für die europäische Informations- und Kommunikationsbranche (IuK) dar. So habe das „milde Regime"[103] des Schutzes von geistigem Eigentum in der Vergangenheit zu einer sehr innovativen und wettbewerbsfähigen Software Industrie mit niedrigen Eintrittsbarrieren geführt. Ein Software Patentgesetz, das die Patentierung

---

[99] Vgl. Mühlbauer (21.06.2002)
[100] Roller (15.03.2002), zitiert nach Yolin, Jean Michel (01.04.2001): Un problème important et urgent : un droit de la propriété intellectuelle adapté au logiciel, Paris.
[101] Roller (15.03.2002), zitiert nach nach Yolin, Jean Michel (01.04.2001): Un problème important et urgent : un droit de la propriété intellectuelle adapté au logiciel, Paris.
[102] Vgl. Roller (2002), zitiert nach nach Yolin, Jean Michel (01.04.2001): Un problème important et urgent : un droit de la propriété intellectuelle adapté au logiciel, Paris.
[103] Ministerie van Economische Zaken (2004), S. 50

von nicht technischen Beiträgen ermöglicht, könnte die hohe Innovationsrate bremsen. Die Meinungen zur Richtlinie für Softwarepatente in der Form von 2004 variieren laut PWC mit der Größe des Unternehmens. Die europäische Firmenlandschaft besteht eher aus KMUs; Europäische Unternehmen haben sich bisher kaum auf die Konsequenzen der Patentierung von Software eingestellt.[104]

Die Deutsche Bank Research sieht die Patentierung von Software im Grunde als logischen Schritt zur Erweiterung des klassischen Technologie Patents. Softwareprogrammierung unterscheide sich aber grundlegend von der Entwicklung von Maschinerie. Deshalb vertritt sie auf Grund von empirischer Evidenz die Meinung, dass „Patentierung von Software die Forschung und Entwicklung eher ersetzt statt sie zu fördern"[105]. Außerdem zitiert sie die MIT-Forscher Bessen und Maskin mit der Aussage: „For industries like software or computer, there is actually good reason to believe that imitation becomes a spur to innovation, while strong patents become an impediment". Software solle besser dem Urheberrecht unterliegen als dem Patentschutz. Das Urheberrecht biete genug Freiraum für Weiterentwicklungen und gleichzeitig genügend Schutz für vermarktbare Software Produkte.[106]

---

[104] Vgl. Ministerie van Economische Zaken (2004), S. 50

[105] Johnson/Schneider (2004), S. 7, zitiert nach Bessen, J./Maskin, E. (2000): Sequential innovation, patents, and imitation. Working paper, Dep. of Economics, Mass. Institute of Technology; Bessen, J/Hunt, R. M. (2004): Working paper, School of Law, Boston University.

[106] Vgl. Johnson/Schneider (2004), S. 7, zitiert nach Bessen, J./Maskin, E. (2000): Sequential innovation, patents, and imitation. Working paper, Dep. of Economics, Mass. Institute of Technology; Bessen, J/Hunt, R. M. (2004): Working paper, School of Law, Boston University.

3 Vorläufer USA?

„Stellen Sie sich vor, mit jeder Entscheidung zur Gestaltung eines Programmes oder mit der Implementierung einer Programmeigenschaft, die Anwender gewünscht hatten, und insbesondere mit der Verwendung eines Algorithmus, von dem Sie in einer Zeitschrift gelesen haben, gingen Sie das Risiko ein, gerichtlich belangt zu werden. Dies ist aufgrund von Softwarepatenten die gegenwärtige Situation in den USA."

Richard Stallman, Präsident der FSF und Gründer des GNU Projekts[107]

3.1 Einleitung

Während sich Anfang 2005 in Brüssel die EU Politiker noch die Köpfe über die Formulierungen des Richtlinienentwurfs für CPI zerbrachen, um möglichst „amerikanische Verhältnisse" zu verhindern, bereiteten die US-Gesetzgeber schon eine Reform ihres Systems vor. Die Zahl der Kritiker am US-Patentsystem wurde immer größer. Auch Konzernvereinigungen wie die BSA, deren Mitglieder wie etwa Microsoft sich bisher in Europa stets für die Patentierung von Software ausgesprochen haben, befürworten eine Reform. Der Chef des US-Patentamts, Jon Dudas, machte in Folge Zugeständnisse bei den Anmelde-, Prüfungs- und Anfechtungsprozeduren. Auch er sei der Meinung, dass sich seine Behörde auf verbesserte Qualität und Produktivität konzentrieren sollte, zu durchgreifenden Nachbesserungen ließ er sich aber nicht bewegen. Er betonte, dass das US-Patentsystem die „Nation von einer kleinen Agrargesellschaft zur herausragenden technologischen und wirtschaftlichen Supermacht vorangetrieben" habe. Geringere Schadenssummen, eine leichtere Anfechtbarkeit von Patenten, Suchwerkzeuge zur Durchforstung des Forschungs-

---

[107] Stallman (03.06.1999)

stands und eine bessere Ausbildung der Patentprüfer sollen Missstände im Patentsystem beseitigen.[108]

3.2 Patentpraxis in den USA

„Viele Nationen, die Bedenken gegen das System des geistigen Eigentums zeigen, sind ‚Brutstätten für die Fertigung und den Export gefälschter Güter geworden'"

Jon Dudas, Chef des US-Patentamts[109]

Das US-Patentamt zögerte lange mit einer Entscheidung über die Patentierbarkeit von Software. Section 101 im US Patent Act besagt, dass ausschließlich Prozesse, Maschinen, Manufakturerzeugnisse und Materiallegierungen patentierbar sind. Daher war es während der 1970er Jahre in den USA gar nicht möglich, für Software oder Code Schutzrechte zu beanspruchen. Computerprogramme wurden als rein mathematische Algorithmen behandelt. Die Wende begann 1981, als der oberste US-Gerichtshof eine Erfindung, die Software einbezog, als patentierungswürdig befand. Die Neuentwicklung bestimmte auf welche Art und Weise Gummi während des Aushärtungsprozesses erhitzt werden soll. Das Gericht rechtfertigte sich, dass es sich in diesem Fall nicht nur um eine Softwareerfindung handle, sondern dass auch die Art der Gummibehandlung neuartig wäre.[110]

Trotz mehreren folgenden gerichtlichen Entscheidungen durch niedrigere Gerichtshöfe, die das Urteil des Supreme Courts klären wollten, wurde es mehr und mehr unklar, wann eine Erfindung schutzwürdig war und in welchen Fällen nicht. 1995 entwickelte das US-Patentamt schließlich

---

[108] Vgl. Krempl (26.04.2005)
[109] Krempl (26.04.2005)
[110] Vgl. Lerner/Zhu (2005), S. 4

Richtlinien, welche die erfolgten Gerichtsentscheide widerspiegeln sollten. Folgende Ausnahmen waren darin verankert:

- Programme können patentiert werden, wenn eine „significant post solution activity"[111] vorliegt. Das bedeutet, das Programm wird verwendet, um externe Vorgänge, ausserhalb der Software zu steuern.

- Schutzwürdigkeit liegt auch vor, wenn „precomputer process activity"[112] vorliegt. Das sind Programme, die Zahlen manipulieren, die konkrete Werte aus der realen Welt repräsentieren.

- Außerdem können Programme, die zusammen mit einer Maschine oder einem Produkt zum Patent angemeldet werden, patentiert werden. Eingeschlossen sind auch Erfindungen wie Grafikprogramme, Tabellenkalkulationen und Textverarbeitungsprogramme.[113]

Diese weit gefassten Bestimmungen des US-Patentamtes haben zu einer regelrechten Patentschwemme in den USA geführt (wie schon in Abbildung 3, S.20 ersichtlich war). Die Behörde beschäftigt 7000 Mitarbeiter und hat im Jahr 2004 173.000 Patente gewährt, mehr als in den 40 Jahren davor insgesamt. Ausserdem warten noch über 490.000 Patentanträge auf ihre Prüfung. Dabei sind die überarbeiteten und unterbezahlten Beamten des Patentamts oft großzügig in der Vergabe der Schutzrechte. Nicht nur die Softwareindustrie ist von Trivialpatenten betroffen, sondern auch die „Old Economy". So werden etwa Patente auf Erfindungen wie dem „Auffrischen von Brot" in einem Toaster (Pat. No. 6080436), oder dem „Trainieren einer Katze mit Hilfe eines Laserpointers" (Pat. No. 55443036) gewährt. Auch Geschäftsprozesse werden in den USA als schutzwürdig angesehen. Das bekannteste Beispiel ist wohl der „Einkauf mit einem Klick" von Amazon. Polarisierend ist auch das „Reservieren eines Platzes auf der Betriebstoilette" (Pat. No. 6329919).[114]

---

[111] Lerner/Zhu (2005), S. 5
[112] Lerner/Zhu (2005), S. 5
[113] Vgl. Lerner/Zhu (2005), S. 4f.
[114] Vgl. Krempl (26.04.2005); Fischermann (2005), 3f.

Viele Autoren, Kommissionen und Kongressabgeordnete haben schon in der Vergangenheit gefordert, die Erteilung besser zu prüfen, oder Patente wenigstens leichter anfechtbar zu machen. Das Verfahren zur US-Reform wurde daraufhin im Frühjahr 2005 gestartet. Mehr dazu im Punkt „Reform des US-Systems".[115]

Der Siemens Vorstandsvorsitzende von 2000, Heinrich von Pierer, ist der Auffassung, dass Patente im globalen Wettbewerb immer wichtiger werden. Zum einen zum Abstecken von „Claims" in strategisch wichtigen Marktbereichen, zum anderen zum Schutz des technischen Vorsprungs. So findet auch Jürgen Betten, Patentanwalt und Vorsitzender des Software-Arbeitskreises der EU, dass deutsche Unternehmen gegenüber ihren amerikanischen Konkurrenten ins Hintertreffen geraten, wenn sie sich nicht ein entsprechendes Patentportfolio aufbauen. Patente werden bereits als eine Art Währung benutzt. So sind Kreuzlizenzen eine häufige und praktische Art der Verwertung von Patenten. Durch sie als Zahlungsmittel kann man an Technologien kommen, die durch Mitbewerber geschützt sind.[116]

Ein Beispiel für die Verwendung von Patenten als Währung ist etwa der Fall Gateway gegen Hewlett Packard (HP). HP hat in den Jahren 2004 und 2005 wegen Patentverletzungen Klagen gegen den Konkurrenten erhoben. Gateway wurde vorgeworfen, dass sie 27 Patente von HP verletzten. In Gegenklagen konnten Gateway ihrerseits 13 potentielle Patentverletzungen von HP entdecken. Schließlich einigten sich beide Unternehmen auf einen Patenttausch und eine Zahlung von Gateway in der Höhe von 47 Millionen US-Dollar. Gateway musste in diesem Fall also die Differenz von 14 Patenten mit „echtem Geld" aufwiegen. Dieses Verfahren ist ein Beispiel für die Prozessfreudigkeit in den USA, die laut Patentanwalt Axel

---

[115] Vgl. Krempl (26.04.2005); Fischermann (2005), 3f.
[116] Vgl. Schulzki-Haddouti (2000)

Pfeiffer der Grund ist, weshalb die Allgemeinheit dem amerikanischen System so skeptisch gegenübersteht.[117]

3.2.1 „Patentverteidiger"

„Wir stehen in dem Ruf, niemals locker zu lassen. Uns zu ignorieren kann sehr teuer werden"

Paul Ryan, Anwalt, Acacia Technologies[118]

Der Begriff „Patenttrolle" hat sich für Organisationen etabliert, die das System für Rechtsstreitigkeiten missbrauchen, ohne selber etwas geleistet oder erfunden zu haben. Oft wird mit trivialen Patenten durch Patentverletzungsklagen oder mit Drohbriefen Geld aus Unternehmen gepresst. Eine der größten und aggressivsten „Verwertungsfirmen für geistiges Eigentum"[119], die diese Tätigkeit in den USA ausführt, ist die Firma Acacia Technologies, mit ihrem Kopf, dem Anwalt Paul Ryan. Acacia hat in den letzten Jahren eine Fülle von Patenten erworben, die oft vergessen in Schubladen lagen. Zu ihrem Patentportfolio gehören beispielsweise Schutzrechte auf die elektronische Übertragung von Videoclips über Datenleitungen, das Anmelden in Drahtlosen Internet-Zugängen, die handgeführte medizinische Endoskopie, die Abwicklung von Internetzahlungen per Kreditkarte, etc. [120]

„Es geht uns darum, den vielen kleinen Erfindern zu ihrem Recht verhelfen"[121], so Ryan. Dabei nimmt die Firma für einige Patente jährlich zweistellige Millionenbeträge ein und entschädigt die Erfinder mit lediglich 10 bis 20 Prozent der Einnahmen.[122]

---

[117] Vgl. Klaß (02.03.2006), Pfeiffer (2004), S. 23
[118] Fischermann (2005), S. 1
[119] Fischermann (2005), S. 1
[120] Vgl. Fischermann (2005), S. 1f.
[121] Fischermann (2005), S. 1
[122] Vgl. Fischermann (2005), S. 1f.

Das System der Geldbeschaffung von Acacia ist einfach: Sie verschicken bedrohlich formulierte Briefe etwa an Hotels mit digitalem Zimmerfernsehen, an Webseiten mit Videoangeboten, an die New York Times, die Mediengruppe Bloomberg und viele andere. Die Johns Hopkins Universität etwa, stellte einige Vorlesungen ins Internet und erhielt darauf prompt eine Rechnung von Acacia, die laut Hochschulangaben zwei Prozent der gesamten Einnahmen betragen hätte. Gegen die Drohbriefe wehren sich nur wenige Empfänger. Der Grund ist, dass alleine die Einschätzung eines guten Patentanwalts über den Fall schon 20.000 Dollar kostet. Da Acacia bekannt dafür ist, schnell seine Preise zu erhöhen, haben seit 2004 schon 3.000 Adressaten zügig die Lizenzansprüche akzeptiert.[123]

Zusätzlich zu den großen „Patentverteidigern" kommen hunderte kleine, meist Anwälte und Einzelinvestoren, „die im Goldrausch rund um die Patente ein wenig mitschürfen wollen"[124]. Teilweise werden hier innerhalb kurzer Zeit tatsächlich stattliche Summen verdient. Außerdem hinterlässt die Dotcom-Blase noch immer ihre Spuren. Noch heute werden die Nachlässe bankrotter Internetunternehmen versteigert. Bei solchen Auktionen treten oft Unternehmen mit Namen wie JGR Acquisitions auf und bezahlen 15 Millionen Dollar, um Patente zu erwerben und diese dann zu „verwerten".[125]

Ryan rechnet mit politischer Hilfe aus Washington, um seine Patentansprüche auch international durchzusetzen. Jedenfalls stelle er bereits ein Team für Europa zusammen. Er habe „ein paar erstklassige Experten der örtlichen Rechtslage rekrutiert"[126]. Die ersten Briefe sollen noch 2006 an europäische Unternehmen verschickt werden, die Pay-per-View Pro-

---

[123] Vgl. Fischermann (2005), S. 1f.
[124] Fischermann (2005), S. 3
[125] Vgl. Fischermann (2005), S. 2f.
[126] Fischermann (2005), S. 2

gramme anbieten. Einige Rechtsexperten sehen schon eine Reihe von Klagen auf Europa zukommen.[127]

3.2.2 Reform des US-Systems

"A man has a right to use his knife to cut his meat, a fork to hold it; may a patentee take from him the right to combine their use on the same subject?"

Thomas Jefferson, US-Präsident von 1801-1809[128]

Im Jahr 2004 wurden in den USA 181.000 Patente gewährt, fast doppelt so viel wie 1990. Die Anzahl der jährlichen Neuanträge beläuft sich auf 400.000. Wenn das Patentamt heute die Tore schließen würde, wäre es noch etwa 2 Jahre beschäftigt, alleine die Rückstände aufzuarbeiten. Neben Trivialitäten werden in den USA auch Geschäftsmethoden patentiert, das verkompliziert den Alltag für einige Firmen. Microsoft befand sich Mitte 2005 in etwa 40 gerichtlichen Verhandlungen, die Patentverletzungen betreffen, Cisco in sieben. Nicht nur die New Economy kämpft mit angeblichen Patentverletzungen, auch beispielsweise der Unterwäscheproduzent VF erhält regelmäßig Mahnbriefe, dass er Büstenhalterpatente verletze.[129]

Die Zahl an Kritikern am US-Patentsystem wurde in den vergangen Jahren größer. Auch die BSA, deren Mitglieder wie etwa Microsoft für die Softwarepatentierung in Europa geworben haben, hat sich in die Reihen der Befürworter einer grundlegenden Reform des Systems eingereiht. So machen „Patentrolle" laut David Simon, Chefpatentjustiziar von Intel, insbesondere der Softwarebranche zu schaffen. Anfang 2005 seien etwa 300 Patentverletzungsverfahren gegen Hard- und Softwarefirmen in der Schwebe gewesen. Die beklagten Unternehmen müssten alleine für die

---

[127] Vgl. Fischermann (2005), S. 2f.
[128] Orey (2005)
[129] Vgl. Orey (2005)

Prozesskosten Millionen von Dollar aufbringen. Von den Kosten bei einem verlorenen Prozess ganz zu schweigen, denn in den USA werden Schadenersatzansprüche per Gesetz verdreifacht, wenn es sich um Patentverstöße handelt. Diese und andere Vorgehensweisen sollen sich in Zukunft ändern.[130]

So sollen sich die Beamten des US-Patentamts künftig auf eine verbesserte Qualität und Produktivität konzentrieren. Automatisierungsprozesse sollen verstärkt eingebaut werden und es soll eine Evaluationsperiode für Patentansprüche nach deren Gewährung geben. Außerdem soll es erschwert werden, einstweilige gerichtliche Verfügungen anzufordern, um etwa einen Konkurrenten davon abzuhalten ein Produkt zu vermarkten. Es soll auch leichter werden, Patente anzufechten. Forscher in den USA fordern zwischenzeitlich eine Art „light" Patent, mit nur vierjähriger Geltungsdauer. Besonders in der schnelllebigen Hightech Industrie sei eine Geltungsdauer von 20 Jahren unpassend.[131]

Pharmazie Unternehmen sind Gegner einer solchen Gesetzesänderung, sie sehen ihre Geschäftsgrundlage durch etwa die leichtere Anfechtbarkeit und der Erschwernis für einstweilige Verfügungen gefährdet. Die Lage der Pharma Unternehmen ist jedoch eine grundsätzlich andere, denn die Rezeptur für ein Medikament ist schwer zu entwickeln, deshalb sind sie von „Patentrollen" zumindest bisher verschont geblieben.[132]

---

[130] Vgl. Krempl (26.04.2005)
[131] Vgl. Wilkens (09.06.2005); Orey (07.02.2006)
[132] Vgl. Wilkens (09.06.2005)

3.3 Gefahr für kleine und mittlere IT-Unternehmen?

Die vom deutschen Bundespräsidenten ernannte Monopolkommission schreibt in ihrem 14. Hauptbericht: „Durch Softwarepatente werden insbesondere für kleine und mittlere Unternehmen erhebliche Marktbarrieren entstehen. Open–Source–Softwareprodukte stellen ex definitione den Programmcode allen Interessierten zur Verfügung und könnten Patentschutz deshalb generell nicht in Anspruch nehmen. Die mit dem Patentschutz verbundene vorübergehende Monopolstellung eines Unternehmens ist geeignet, die Konzentrationstendenzen auf dem Markt für Softwareprodukte weiter zu verstärken und den Wettbewerb zu behindern."[133]

Der Patentanwalt Axel Pfeiffer hingegen verneint generell schlechte Auswirkungen von Softwarepatenten auf KMUs. Er prangert sogar die Argumentation der Software Gegner an. Man wolle hier mit der Davids Position, im David gegen Goliath Szenario, Sympathien sammeln. Jedenfalls sei nüchtern betrachtet genau das Gegenteil der Fall. Ein innovativer David mit einem oder mehreren Patenten, hätte seiner Ansicht nach die besseren Karten gegen einen Goliath in der Hand, als wenn beide keine Patente besäßen. Ohne Patente käme es zu einem Armdrücken auf dem Markt, aus dem wohl der wesentlich stärkere Goliath in den meisten Fällen siegreich hervorgehen würde, da er größenbedingt den wesentlich längeren Atem hätte.[134]

Pfeiffer nennt eine Sicherung der Kapitalbeschaffung als weiteren Vorteil der Softwarepatentierung für KMUs. Er habe unter seinen Mandanten einige Software-Kleinunternehmen, für die die Kapitalbeschaffung von Investoren eine sehr zeitaufwändige Arbeit sei. Diese fordern regelmäßig eine vernünftige Absicherung des entstehenden intellektuellen Eigentums,

---

[133] Richter (2003), S. 1
[134] Vgl. Pfeiffer (2004), S. 21

was die Unternehmen in Folge auch machen. Investoren wären laut Pfeiffer zurückhaltender, wenn eine Absicherung nicht möglich wäre. Ein Unternehmen würde dann nämlich ständig Gefahr laufen, dass seine Innovationen kopiert werden. Deshalb ist der Patentanwalt der Meinung, dass man sich nicht generell gegen Softwarepatente aussprechen sollte.[135]

Michael Ziesemer, Marketingchef der mittelständischen Firmengruppe Endress+Hauser und Vertreter der Elektronikindustrie Lobby ZVEI, äußert sich kritisch gegenüber dem Wettrüsten der Unternehmen mit Patenten. Dennoch sieht er den einzig wirksamen Schutz gegenüber Konkurrenzunternehmen in einem Aufstocken von geistigen Eigentumsrechten. Sein Unternehmen sei in den USA verklagt worden und habe einen zweistelligen Millionenbetrag dafür aufbringen müssen. Eine Erfahrung, die er niemandem gönnen wolle. Software Patente an sich befindet er zwar nicht für sinnvoll, eine Patentierung von eingebetteter Software in technischen Lösungen wäre aber für sein Unternehmen durchaus nützlich. Besonders wichtig für ihn sei die Interoperabilitätsklausel des Richtlinienentwurfs. Für ihn hängt alles an Kommunikationsmechanismen; Patente würden deren Einsatz verhindern. Gerade in diesem Kontext seien hier offene Standards entscheidend für technische Entwicklungen.[136]

Der Chef von Lycos Europe, Christoph Mohn, sieht den momentanen Zustand nicht als ideal an. Sein Unternehmen mit über 400 Entwicklern könne sich zwar auf ein „Umsatzmodell" Softwarepatentierung einstellen, dies sei jedoch nicht produktivitätsfördernd, es würde lediglich in Overhead resultieren. Für ihn sei angesichts des vorherrschenden Konsens, dass weder amerikanische Verhältnisse noch reine Softwarepatente ge-

---

[135] Vgl. Pfeiffer (2004), S. 22
[136] Vgl. Krempl (24.06.2005)

wünscht sind, wenig verständlich, weshalb in der europäischen Politik keine passenden Formulierungen dagegen gefunden würden.[137]

Der freie Entwickler Bernd Herd erhält unter anderem von Unternehmen wie SAP und Siemens Aufträge über Software Speziallösungen. Mehrfach wurde er schon von Patentanwälten oder Lizenzgebern wegen angeblichen Patentverletzungen kontaktiert. Es kam schon öfters vor, dass er fertige Produkte vom Markt nehmen musste, ohne sie wirtschaftlich weiter verwerten zu können. Folge waren jedes Mal empfindliche Umsatzeinbußen. Problematisch sei für ihn auch der enorme Beratungsaufwand für Patentfragen beim Kunden. Eines seiner gescheiterten Projekte implementierte etwa Bilder im GIF-Format. Die US-Firma Unisys hat das Komprimierungsverfahren 1994 zur freien Benutzung freigegeben. Als sich das GIF-Format etablierte, fing Unisys mit der Verwertung ihres Patents an. Laut Herd werben Sie auf ihrer Webpage mit „moderaten Lizenzbedingungen", was für ihn der Grund war, dieses Format auch einzusetzen. Schließlich wurden von Herd 1.000 US-Dollar für jeden seiner Kunden gefordert. Ein fast vollendetes Projekt wurde dadurch unrentabel und musste eingestellt werden.[138]

Von einer ursprünglich durch das deutsche Bundeswirtschaftsministerium initiierten Umfrage zu CIE wurden Aufschlüsse speziell über die Auswirkungen der Richtlinie auf Interoperabilität im Computersektor erhofft. Der damalige Staatssekretär Alfred Tacke wollte nach Kritik (unter anderem vom deutschen Branchenverband Bitkom) an der tendenziellen Wortwahl des Fragebogens, diesen nicht veröffentlichen. Daraufhin wurde die Kampagne NoSoftWarePatents.com im März 2005 aktiv. Die Umfrageergebnisse unter 1400 Befragten und 330 der Kampagne zur Verfügung stehenden Fragebögen waren unter anderem:

---

[137] Vgl. Krempl (24.06.2005)
[138] Vgl. Krempl (2004)

- **61,2 Prozent** der Einsender machen sich Sorgen über die Gefährdung ihrer Existenz durch Softwarepatente. Als Gefahren wurden etwa hohe Kosten für Patentstreitigkeiten, Vermarktungsverbote und Schadenersatzansprüche genannt.

- **60 Prozent** kennen sich nach eigenen Angaben gut bis sehr gut mit Wirtschafts- und Rechtspolitik aus. Einige nennen sogar Nummern besonders bedrohlicher europäischer Patente.

- **Nur 6,3 Prozent** sieht sich regelmäßigen Recherchen nach Patentsverletzungen im eigenen Code gewachsen.

- **88,6 Prozent** gehen davon aus, dass eine Code-Patentsverletzung eine „unverschuldete Konsequenz eigener Entwicklungstätigkeit" [139] sei.

- **94 Prozent** erwarten sich durch Softwarepatente Einschränkungen im Wettbewerb.

- **Nur 7,6 Prozent** erwarten Vorteile durch die Verabschiedung der Richtlinie.[140]

Die Meinungen über die CIE gehen in der betroffenen Branche auseinander. Stefan Krempel, Redakteur der C'T, beschreibt als einzige tatsächliche „Nutznießer der Einführung von Softwarepatenten nach Maßstäben des EU-Rates [..] letztlich Fachjuristen und Berater, die von Patenterteilungen sowie den resultierenden Rechtsstreitigkeiten in jedem Fall profitieren."[141] Außerdem gebe es einen großen Unterschied zwischen Theorie und Praxis: Patente seien nur so viel wert, wie der Eigner des Schutzrechts bereit ist, im Falle eines Prozesses dafür aufzubringen. Wenn großen, international agierenden Unternehmen Patente von kleineren Mitbewerbern im Weg stehen, ist ihr Vorgehen meist nicht zimperlich. Sie klagen beispielsweise mit Hilfe einer Masse von Anwälten und abschreckend hohen Streitwerten auf Nichtigkeit. Wenn es sich nicht um bahnbre-

---

[139] Krempl (17.03.2005).
[140] Vgl. Krempl (17.03.2005)
[141] Krempl (2004)

chende Erfindungen handelt, ist das wirtschaftliche Risiko für die „Kleinen"
oft zu hoch.[142]

3.4 Unterschiede US Markt / Europa

Im internationalen Konkurrenzkampf haben sich Konzerne bereits durch
viele Schutzrechte abgesichert. Auf diese Weise herrschen Verhältnisse
wie im kalten Krieg: Man rüstet sich mit Patenten auf und hält sich damit
gegenseitig in Schach. Die europäische Software Branche ist abgesehen
von einigen Global Playern, wie etwa Siemens, überwiegend durch KMUs
geprägt. Man findet in der Softwarebranche sogar viele Ein-Mann-
Betriebe. Sie fühlen sich überfordert, ständig ihren Code durch bestehen-
de und immer neu auftretende Schutzrechte zu überprüfen. [143]

Die Kosten des Patentwesens drohen für die Wirtschaft als auch für den
Staat unverhältnismäßig zu steigen, wenn sich das System wie in den USA
nur mehr im Nachhinein über Prozesse kontrollieren lässt. Nach wie vor
wird von vielen Europäischen Unternehmen das Urheberrecht im Vergleich
zu Patenten als sinnvolleren Schutz für Software gesehen. Es verhindert
das reine Klonen eines Programms, nicht aber die Idee als solche.
Dadurch kann die Wirtschaft auf bestehenden Problemlösungen aufbauen
und sich ständig weiterentwickeln.[144]

---

[142] Vgl Sietmann (2001); Krempl (2004); Krempl (2004a)
[143] Vgl. Krempl (2004); Krempl (2004a)
[144] Vgl. Krempl (2004); Krempl (2004a)

4 Mythos Freie Software

Wie gut offene Programme sind, belegt ihre Resistenz gegen die Computerviren und -würmer, mit denen der Patentjäger Microsoft immer wieder Schwierigkeiten hat.
Christoph Drösser, Redakteur „Die Zeit" [145]

4.1 Die Anfänge

Das „Gnu's, not Unix" Projekt (GNU) rund um freie Software hat seine Wurzeln in den frühen 1980ern, als eine kleine Gruppe rund um Richard Stallman durch den technischen Fortschritt in ihrer bisherigen Tätigkeit als freie Entwickler eingeschränkt wurden. Seit den frühen 1970er Jahren programmierten sie in Laboren des MIT und teilten ihre Ergebnisse untereinander und mit anderen. In den frühen 1980ern waren nur noch kostenpflichtige Betriebssysteme für damals übliche Rechner erhältlich. Allein für deren Inbetriebnahme musste man eine Geheimhaltungserklärung unterschreiben. Durch den Vertrag wurde eine kooperierende Gemeinschaft verboten. „The rule made by the owners of proprietary software was, ‚if you share with your neighbour, you are a pirate. If you want changes, beg us to make them.'"[146], so Stallman. Das war die Geburtsstunde des GNU Projekts: Es sollte freie Software geschaffen werden, die ihre Benutzer in keiner Weise einschränkt.[147]

Der erste Schritt zu einer funktionierenden Gemeinschaft von kooperierenden Programmieren war für Stallman ein Betriebssystem. Als ein Betriebssystem Entwickler hatte er die nötigen Fähigkeiten dafür. Er entschied sich dafür, das System mit Unix kompatibel zu machen. Das hatte den Vorteil der Portabilität und Unix Benutzer hatten niedrige Hürden für einen Umstieg. Ein gesamtes Betriebssystem von Grund auf zu

---

[145] Drösser (28.08.2003)
[146] Stallman (2006)
[147] Vgl. Stallman (2006)

entwickeln ist ein sehr großes Vorhaben. Stallman entschied sich daher, verschiedene frei verfügbare Software zu adaptieren, um das Ziel in greifbare Nähe zu rücken.[148]

Das Interesse am GNU Projekt stieg stetig. Bis 1985 wurden sämtliche GNU Distributionen und deren Weiterentwicklungen über den anonymen MIT FTP Server ftp://prep.ai.mit.edu/, oder den Postversand vertrieben. Schließlich wurde im gleichen Jahr die Free Software Foundation (FSF) als steuerbefreite Wohltätigkeitsorganisation ins Leben gerufen. Bis heute werden über die Homepage der FSF (www.fsf.org) CD-Roms mit freier Software vertrieben. Das Hauptprojekt der Organisation ist nach wie vor das freie GNU Betriebssystem. Dieses Vorhaben scheiterte jahrelang am Fehlen eines geeigneten Betriebssystem Kerns. Linus Torvalds entwickelte 1992 schließlich einen Unix kompatiblen Kernel. Heute ist die Kombination aus GNU Software und Linux Kernel bekannt als GNU/Linux.[149]

1998 bildete sich die Open Source Initiative (OSI). Ihr Ziel war es, den von Stallman geprägten Begriff der „Free Software" durch „Open Source" zu ersetzen. Man versprach sich davon, dass er auch „den Vorstandsetagen und Aktionärsversammlungen schmackhaft gemacht werden konnte"[150]. Anlass war unter anderem, dass Netscape den Quellcode des Browser offen legte. Die dadurch erlangte öffentliche Aufmerksamkeit wollte die OSI dazu nutzen, um an die Unternehmenswelt heranzutreten und ihr das offene Entwicklungsmodell näher zu bringen. Es sollte die durch den Begriff „freie Software" geschaffene Konfrontationshaltung abgelegt werden und die Idee mit pragmatischen und wirtschaftlichen Argumenten verkauft werden, die auch Netscape zur Öffnung ihres Quelltexts motiviert hatte. Stallman sieht die Entwicklung der OSI nicht unproblematisch: „Somit konzentrieren sich die Argumente von ‚Open

---

[148] Vgl. Stallman (2006)
[149] Vgl. Stallman (2006)
[150] Grassmuck (2002), S. 230f.

Source' auf die Möglichkeit, eine hohe Qualität und eine mächtige Software zu erhalten, vernachlässigen aber die Vorstellungen von Freiheit, Community und Prinzipien."[151] Für ihn ist der neu geschaffene Open Source Gedanke soviel wie die Vorstellung eines Ingenieurs: Wie schafft man mächtige Software, wie kann man erfolgreich sein. Diese Vorgehensweise sei nicht schlecht, aber für ihn zähle Freiheit und nicht allein Technologie. Deswegen verfolge die FSF im Gegensatz zur OSI eine politische Philosophie, nicht eine Entwicklungsmethodologie.[152]

4.2 Kategorien freier und nicht freier Software

"We've got a lot of work to do. The work we have to do is the work of collaborating. [..] This is free software we are making"
Eben Moglen, Executive Directive, FSF[153]

Gleichgültig, ob eine Software frei oder nicht frei ist, bei der Installation erscheint in der Regel ein längerer Lizenztext, den man zur Nutzung des Programms akzeptieren muss. Bei proprietärer Software liest man üblicherweise, dass der Nutzer nicht das Programm, sondern lediglich ein eingeschränktes Nutzungsrecht erworben habe, dass er nicht mehr als eine einzige Sicherungskopie davon erstellen darf, dass das Programm nur auf einem einzelnen PC installiert werden darf und dass der Hersteller keinerlei Haftung oder Gewährleistung für das Produkt übernimmt, etc. Juristisch gesehen, schließt man jedes Mal beim Klick auf den „Akzeptieren" Button einen Vertrag (dessen Rechtsgültigkeit jedoch noch umstritten

---

[151] Grassmuck (2002), S. 231, zitiert nach Stallman, Richard (1999): The GNU Operating System and the Free Software Movement, in: Dibona, C./Ockman, S./Stone, M: Open Sources, Voices from the Open Source Revolution, Sebastopol, S. 53-70.
[152] Vgl. Grassmuck (2002), S. 230f., zitiert nach Stallman, Richard (1999): The GNU Operating System and the Free Software Movement, in: Dibona, C./Ockman, S./Stone, M: Open Sources, Voices from the Open Source Revolution, Sebastopol, S. 53-70; OSI (2006)
[153] Free Software Foundation (2006c)

ist). Auch bei freier Software zeigt sich ein Lizenztext bei der Installation. Die Vertragsbedingungen lauten hier aber etwas anders.[154]

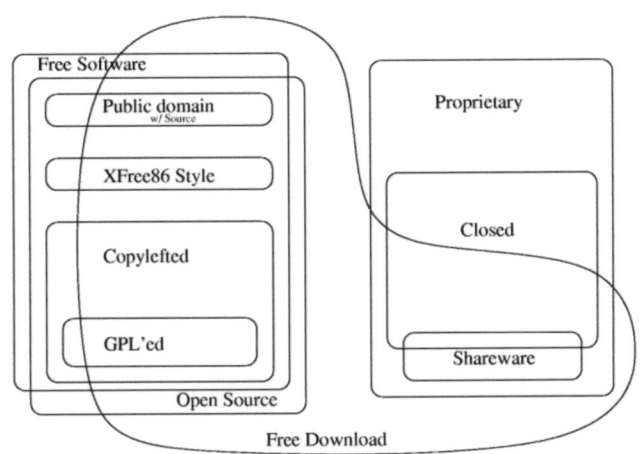

Abb. 11: Software Kategorien (aus: FSF (2006a))

Freie Software

Der Begriff der freien Software wird oft falsch interpretiert. Es hat nichts mit Preis zu tun, sondern mit Freiheit. Ein Programm ist laut Definition dann frei, wenn folgende Punkte erfüllt werden:

- **Freiheit 1**: Man hat die Freiheit das Programm für jeden Zweck auszuführen

- **Freiheit 2**: Man hat die Freiheit das Programm zu modifizieren (dafür muss der Quelltext einsehbar sein)

- **Freiheit 3**: Man hat die Freiheit das Programm entweder kostenlos oder gegen eine Gebühr weiterzugeben,

- **Freiheit 4**: Man hat die Freiheit, modifizierte Versionen des Programms weiterzugeben, damit die Gemeinschaft davon profitiert.[155]

Es mag verwundern, wenn man in den obigen Zeilen liest, dass man das Programm für eine Gebühr weitergeben darf. Die Begriffsdefinition von

---

[154] Vgl. Grassmuck (2002), S. 275
[155] Vgl. Stallman (2006); Free Software Foundation (2006a)

freier Software schließt dies darum nicht aus, weil Software Sammlungen, die auf CD-Roms verkauft werden, sehr wichtig für die Gemeinschaft sind und der Mittelbeschaffung für die freie Software Entwicklung dient.[156]

Open Source

Der Begriff „Open Source" Software wird von der der GNU verwandten OSI für die selbe Sparte Software verwendet. Für Stallman bedeutet jedoch Open Source nicht das selbe wie freie Software. Bei Open Source werden etwa einige sehr restriktive Lizenzen als Open Source eingestuft, und einige freie Software Lizenzen nicht anerkannt. Im Großen und Ganzen sind die Unterschiede aber klein: Beinahe jede Open Source Software ist frei und fast jede freie Software ist Open Source.[157]

Public Domain

Public Domain Software ist nicht urheberrechtlich geschützte Software. In manchen Fällen kann ein Programm, das diesem Lizenzmodell untersteht, keinen offenen Quellcode aufweisen. Es handelt sich dann zwar nicht mehr um Open Source Software, sie ist dennoch für jegliche Nutzung und Weitergabe erlaubt. Diese Art von Software kann darum nicht geschützt sein, weil sie gesetzlich nicht schützbar ist, oder weil der Autor ausdrücklich auf sein Urheberrecht verzichtet. Wichtig in diesem Zusammenhang ist, dass das US-Recht einem Autor erlaubt, sämtliche Rechte an seinem geistigen Eigentum abzustoßen, das europäische Recht erlaubt das nicht. In Europa kann ein Autor zwar ausdrücklich ein Nutzungsrecht für jedermann einräumen, eine Übertragung des Urheberrechts ist aber nur an Erben möglich.[158]

---

[156] Vgl. Stallman (2006)
[157] Vgl. Free Software Foundation (2006a)
[158] Vgl. Grassmuck (2002), S. 278f.; Free Software Foundation (2006a)

Copylefted

Diese Art von Software Lizenz erlaubt Redistributoren nicht weitere Restriktionen hinzuzufügen, wenn sie die Software modifizieren und / oder weiterverkaufen. Das bedeutet, dass jede Software, auch wenn sie modifiziert wurde, freie Software bleibt. Im GNU Projekt wird beispielsweise jede Software durch die Copyleft Lizenz geschützt. Der Lizenzvertrag dazu ist die GNU General Public License (GPL). Aktuell ist GPL Version 2; GPLv3 befindet sich noch in Entwicklung (Stand März 2005). Die FSF hat das Wort „Copyright" bewusst „umgedreht". Während Entwickler von proprietärer Software sich dem Copyright bedienen, um ihr Werk zu schützen, bedienen sich freie Entwickler der Copyleft-Lizenz, um es frei verfügbar zu machen.[159]

Proprietäre Software

Bei Programmierern, die im Gegensatz zur Open Source Gemeinde, ihren Programmcode nicht als freie Software zur Verfügung stellen, wird das Urheberrecht als Investitionsschutz angewandt. Der Programmcode ist damit insofern geschützt, als dass er nicht wörtlich übernommen werden kann. Ein weiterer Schutz stellt die Trennung zwischen bearbeitbarem Text und ausführbarem Code dar. Die proprietäre, ausführbare Version des Codes ist in Binärform gehalten. Der Quelltext ist so nicht mehr erkennbar und das Original kann nicht kopiert werden. Erwähnenswert ist in diesem Zusammenhang, dass bereits einige große Firmen, darunter auch Microsoft, ihren großen und sicherheitsbewussten Kunden Einblick und Kontrolle über die Quelltexte geben.[160]

---

[159] Vgl. Free Software Foundation (2006b)
[160] Vgl. Richter (2003)

Shareware

Shareware ist Copyright geschützte Software, mit der Erlaubnis, sie an beliebig viele Personen weiterzugeben. In der Regel wird Shareware ohne den Quellcode und ohne Veränderungserlaubnis veröffentlicht. Außerdem ist Shareware nur für einen kurzen (Test)Zeitraum tatsächlich kostenlos. Die Autoren „bitten" im Normalfall bei regelmäßigem Gebrauch des Programms um Unterstützung in Form eines bestimmten oder beliebig höheren Geldbetrags. Diese Art des Lizenzmodells überschneidet sich oft mit dem der „Demoware": Demoware ist nur über einen bestimmten Zeitraum hinweg vollständig funktionstüchtig, es sei denn, man bekommt von Anfang an eine im Funktionsumfang eingeschränkte Version für Testzwecke.[161]

4.3 Verschenkte Arbeitszeit?

„Eigentlich ist das Ganze ein Märchen. Exzellente Programmierer sind gewöhnlich extreme Individualisten."
Detlef Borchers, Redakteur FAZ[162]

Open Source fördert die Innovation. Ein gutes Beispiel zur Untermauerung dieser Aussage ist der frei verfügbare Webbrowser Firefox. Durch jahrelanges bündeln des Internet Explorers mit Windows hatte der Konzern aus Redmond den einstigen Browser Pionier Netscape überholt und schließlich aus dem Markt gedrängt. Durch das dadurch erlangte Monopol gab es genügend Anreize für Hacker nach Schwachstellen zu suchen, die auch zur Genüge gefunden wurden. Außer ständigem Nachbessern war Microsoft untätig, es gab ja keine ernsthafte Konkurrenz. Erst nachdem in renommierten Zeitungen seitenfüllende Anzeigen von Gönnern gespendet wurden, und sich, wie im Internetzeitalter üblich, die Avantgarde der Nutzer innert Tagen oder sogar Stunden auf den freien Browser Firefox umstie-

---

[161] Vgl. Grassmuck (2002), S. 278; Free Software Foundation (2006b)
[162] Borchers (07.03.2005)

gen, musste der Marktführer Microsoft reagieren und kündigte kurz darauf die Version 7 ihres Browsers an.[163]

Tatsächlich ist das erfolgreichste Programm überhaupt Open Source: Apache. Seine einzige Aufgabe besteht darin, eine Website von einem Server an Nutzer weiterzuleiten. Und doch ist das Projekt sehr umfangreich. Die Entwicklerschar und Subprojekte nahmen in den letzten Jahren stetig zu (In Abbildung 12 sind die Subprojekte an der verschiedenen Farbgebung der Äste zu erkennen). Apache verteidigt seine Markführerschaft seit jeher gegen kommerzielle Mitbewerber. Die selbstorganisierte zentrale Meldestelle für quelloffene Projekte, Sourceforge (www.sourceforge.net) zählte im März 2006 114.851 Projekte, was zeigt, dass Open Source keineswegs eine Randerscheinung ist. Was bringt aber Programmierer dazu, stundenlang „gratis" Code zu schreiben und mit anderen endlos über die beste Lösung für das jeweilige Problem zu diskutieren?[164]

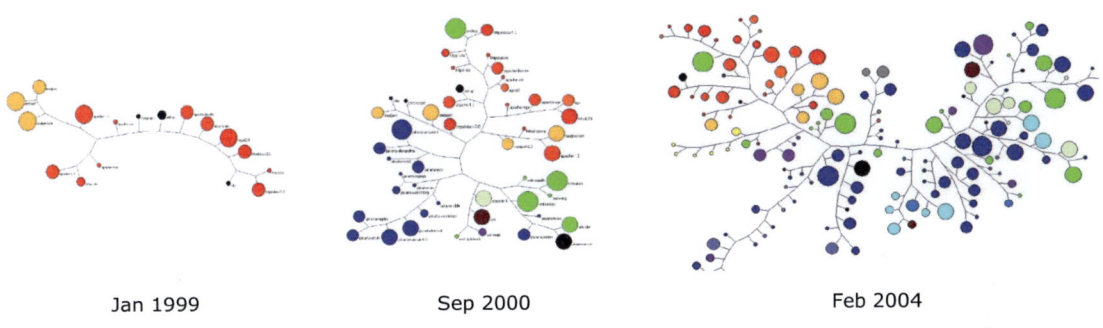

| Jan 1999 | Sep 2000 | Feb 2004 |

Abb. 12: Apache im Zeitraffer (aus: Gonzalez-Barahona/Lopez/Robles (2006))

Sabine Helmers und Kai Seidler vom Wissenschaftszentrum Berlin fanden im Projekt „Kulturraum Internet" folgende Motivationsgründe:

- **„Intellektuelle Herausforderung und Spiel**
- **Kreativität und der Stolz auf etwas selbst geschaffenes**

---

[163] Vgl. Borchers (07.03.2005)
[164] Vgl. Borchers (07.03.2005)

- **Etwas verwirklichen, das den eigenen Ansprüchen an Stil und Qualität genügt,**
- **Ein sozialer Kontakt mit Leuten die dieselben Ideen und Interessen teilen,**
- **Ruhm**
- **Förderung der kollektiven Identität"**[165]

Es wird nicht sämtliche offene Software in der Freizeit geschrieben. Unternehmen wie IBM, HP, Red Hat, Intel, etc. stellen gezielt gute Leute für die Arbeit an Open Source frei. Unternehmen können viele Gründe haben, durch bezahlte Mitarbeiter freie Software zu unterstützen. Zum einen kann man einem Konkurrenten schaden, dessen kommerzielles Produkt durch ein Open Source Projekt nachempfunden wird. Auf der anderen Seite können auch die eigenen Kunden offene Programme brauchen. Man erspart sich jedoch den teuren Vertrieb und die teure Produktberatung. Novell und Red Hat handeln nach diesem Modell. Sie vertreiben das kostenlos verfügbare Linux zu einem guten Preis und bieten kostenpflichtigen Support.[166]

4.4 283 Patente gefährden Linux

„Manche Juristen behaupten, Softwarepatente seien ein unabänderliches Schicksal, weil sie ein Eigeninteresse daran haben, diese zu erhalten."
Florian Müller, Gründer NoSoftwarePatents.com[167]

Seit den zahlreichen Klagen auf Schadenersatz wegen Patentverletzungen und Urheberrechtsverletzungen der SCO Group, Käufer der Unix Patente von AT&T, gegen Linux Distributoren und Entwickler wie IBM, Novell, Suse, etc.[168] ist auch die Öffentlichkeit auf die angebliche Rechtsun-

---

[165] Helmers/Seidler (1995)
[166] Vgl. Borchers (07.03.2005)
[167] Müller (16.11.2005)
[168] Vgl. Kuri (10.02.2004)

sicherheit rund um das freie Betriebssystem Linux aufmerksam geworden. So hat die Firma Open Source Risk Management berichtet, 283 potentielle Patentverletzungen von Linux ausgemacht zu haben. Firmen, die Linux in Betrieb haben, und sich gegen Klagen oder Schadenersatzzahlungen absichern möchten, bietet die Versicherung eine Polizze als Schutz an. Vor diesem Hintergrund hatte auch die Stadt München ihre Besorgnis geäußert (München hat sich gegen Windows und für Linux Betriebssysteme an Verwaltungs-PCs entschieden). So wurden wesentliche Teile des Projekts aufgeschoben. Das deutsche Justizministerium hat jedoch wieder entwarnt, denn „es sei kein Fall in Deutschland bekannt, in dem freie Software in einem Patentverletzungsverfahren angegriffen wurde"[169].[170]

Auch über dem Atlantik macht man sich Sorgen um die Rechtssicherheit von Linux. So hat etwa Red Hat, der größte Linux Distributor in den USA, von Microsoft ein öffentliches Versprechen verlangt, keine Softwarepatente gegen Entwickler und Nutzer von Open Source Software anzuwenden. Für Microsoft würde dies keine zusätzlichen Kosten bedeuten, während sich einzelne Entwickler und Kunden die Kosten für Rechtsstreitigkeiten oder Lizenzkosten nicht leisten könnten. Bisher sind von Microsoft keine derartigen Klagen bekannt geworden. Allerdings macht sich der Konzern in seiner momentanen Werbekampagne verdächtig: Es wird die Rechtssicherheit der Windows Systeme hervorgehoben. Die nötigen Mittel würden Microsoft ebenfalls nicht fehlen: Sie haben jüngst das 5000ste US-Patent zugesprochen bekommen.[171]

---

[169] Krempl (19.10.2005)
[170] Vgl. Krempl (05.08.2004); Borchers (02.08.2004)
[171] Vgl. Hermannstorfer, Matthias (07.03.2006); Wilkens (11.08.2005)

4.5 Datenbanken für offene Patente

Die weltweit verstreuten Entwickler der Open Source Gemeinde befürchten, dass sich das Programmieren offener Software zunehmends zu einem Lauf über ein rechtliches Minenfeld entwickelt. Anders als bei proprietärer Software, deren ausführbare Form der Öffentlichkeit stets in binärer Form vorliegt, lassen sich potentielle Patentverletzungen bei offenem Quellcode sofort nachweisen. Während große Konzerne sich mit Kreuzlizenzierungen absichern, oder im Falle eines Patentverletzungsverfahrens die Prozesskosten aus vorhandenen Rückstellungen zahlen, können einzelne Programmierer dem nichts entgegen setzen.[172]

Im Nachfeld der Ablehnung der europäischen Richtlinie für CIE und der vorherrschenden rechtlichen Unsicherheit, haben Firmen wie IBM, Nokia, Novell, Red Hat, Sun Microsystems und andere, eigene Patentbestände gezielt zum Schutz von Open Source zur Verfügung gestellt. In Folge wurde von den Open Source Development Labs (OSDL) eine Datenbank für Patente, die für die Nutzung von Open Source Anwendungen freigegeben sind, angekündigt. Durch die wachsende Anzahl von Patentspenden an die Open Source Gemeinde, wurde ein unübersichtlicher Dschungel geschaffen, der durch die Datenbank kartografiert werden soll. Das Ziel ist eine zentrale Anlaufstelle für freie Entwickler; Es soll ermöglicht werden, potentiellen Streitigkeiten von vornherein aus dem Weg zu gehen.[173]

Kritiker wie etwa Florian Müller, Gründer der Kampagne NoSoftwarePatents.com befürchten, dass eine Datenbank mit geschenkten Patenten am Ende wenig Nutzen für den Einzelnen bringt. Ein wirksamer Schutzschild hätte die Szene laut Müller nur dann, wenn sie über Patente verfügen würde, die im Ernstfall für Gegenklagen gegen Open Source Gegner

---

[172] Vgl. Krempl (10.08.2005)
[173] Vgl. Krempl (10.08.2005)

verwendet werden könnten. Ausserdem wiesen die patentrechtlichen Zusagen, die er bisher untersucht habe, eine Reihe von Mängeln auf:

- Der Wert einiger gespendeter Patente sei „praktisch null". IBM steuerte beispielsweise 500 Patente bei, von denen einige bereits in naher Zukunft ablaufen und andere überhaupt nichts mit Software zu tun haben.
- Die Zusagen der Großen beziehen sich im Allgemeinen nur auf bestimmte Open Source Projekte wie den Linux Kernel, welcher nur einen kleinen Teil eines Linux Systems ausmacht.
- Manche der Versprechungen wiesen Lücken auf, oder seien ausdrücklich auf Widerruf gemacht.[174]

Müller zitiert auch Stallman, der die Software Patente gerne mit Minen in einem Park vergleiche: Auch wenn statt 100.000 Minen nur 90.000 in einem Park liegen, kann man noch längst nicht von einem Ort für einen sicheren Spaziergang reden.[175]

4.6 Neue Wege

„Wenn all die Konzerne, die Patente für Open Source "gespendet" haben, sich zu einer ernsthaften Kampagne entschließen würden, wäre die Abschaffung von Softwarepatenten auf weltweiter Basis keine Utopie."
Florian Müller, Gründer NoSoftwarePatents.com[176]

Der deutsche Branchenverband Bitkom hat, in einem Leitfaden zur Patentierung von CIE, das heikle Thema der Software Patente im Zusammenhang mit KMUs aufgegriffen. Der Verband ist der Meinung, dass Patente gerade für KMUs wichtig seien. Diese Unternehmen würden nämlich gerade mit Speziallösungen und Systemplattformen punkten, ganz im Gegenteil zu Konzernen. Die Bitkom empfiehlt für den Mittelstand

---

[174] Vgl. Müller (16.11.2005)
[175] Vgl. Müller (16.11.2005)
[176] Müller (16.11.2005)

„starke Patente", um zu verhindern, dass den spezialisierten Unternehmen eines der wenigen wichtigen, oder gar das einzige Standbein von Konkurrenten imitiert wird. Ebenfalls unkonventionell ist vor dem Hintergrund des bisherigen Gesprächsverlaufs die Empfehlung, Open Source Produkte zu patentieren. Open Source unterscheide sich zwar in den Nutzungsbedingungen von dem proprietären, geheimgehaltenen Codependant, im Bezug auf Patenrechte bestehe aber grundsätzlich kein Unterschied. Computerprogramme als solche sind in den europäischen Staaten ohnehin nicht patentierungswürdig. Wenn aber technische Erfindungen durch Open Source Software umgesetzt werden, könnten auch dafür Patente beansprucht werden. Diese Patente könnten dann zur Sicherung des Geschäftsmodells des Open Source eingesetzt werden. Die Bitkom stellt sich in diesem Zusammenhang eine freie Lizenzierung für freie Programme und eine kommerzielle Lizenzierung für proprietäre Software vor.[177]

Kritik an diesem Leitfaden kommt vom Sprecher der FSF Europe, Joachim Jakobs. Er hält die Empfehlung der Bitkom für „ethisch höchst fragwürdig"[178], „Wem die Freiheit wichtig ist, der wird freie Software nicht patentieren"[179], so sein Appell. Auch die Kosten für eine Patentierung einer Erfindung in den fünf wichtigsten EU Staaten sprechen für sich: Die Bitkom beziffert sie auf 20.000 Euro. Bei eventuellen späteren Nichtigkeitsklagen beläuft sich das Kostenrisiko bei einem willkürlich gewählten Streitwert von 500.000 Euro, auf 30.000 bis 50.000 Euro. Angesichts solcher Kosten könnte keine freie Programmierergemeinde ihre Entwicklung mehr „frei" der Öffentlichkeit zur Verfügung stellen.[180]

Neue Wege schlägt auch Microsoft ein. Ihr Shared Source Programm, mit dem Entwickler, Institutionen, Regierungen und wichtige Großkunden teil-

---

[177] Vgl. Krempl (14.10.2005)
[178] Krempl (14.10.2005)
[179] Krempl (14.10.2005)
[180] Vgl. Krempl (14.10.2005)

weise Zugang zu Quelltexten erlangt haben, wird vereinfacht. Statt über zehn Lizenzen gibt es jetzt nur noch drei:

- Die **Microsoft Permissive Licence** ist die Lizenz mit den wenigsten Einschränkungen. Man darf den Quelltext einsehen, ihn verändern und ihn für kommerzielle und nicht kommerzielle Zwecke weitervertreiben. Zahlungen an Microsoft, welcher Art auch immer, werden nicht fällig.

- Die **Microsoft Community Licence** ist vor allem an Projekt Communities gerichtet. Die Lizenz verlangt, dass alle Dateien, in denen lizenzierter Microsoft Code verwendet wird, ebenfalls offen zu legen sind. Code, der aus Microsoft Quelltext abgeleitet wird, muss auch unter der Microsoft Community Licence freigegeben werden.

- Die **Microsoft Reference Licence** besagt, dass keinerlei Änderungen am Code gemacht werden dürfen. Sie dient lediglich zur Einsicht in den Quelltext.[181]

Während Sun Microsystems für ihre Open Source Initiative teilweise heftig kritisiert wurde, erntet Microsoft für ihr Vorgehen von der Open Source Gemeinde Applaus. „Da wir so selten die Gelegenheit haben, uns positiv über Microsoft zu äußern, möchte ich dem Unternehmen zunächst gratulieren", so Georg Greve, Präsident der FSF Europe. Microsoft scheine laut Greve endlich einen Schritt vorwärts gemacht zu haben, indem sie ihren Kunden Freiheiten einräumen.[182]

---

[181] Vgl. Kuri (19.10.2005)
[182] Vgl. Kuri (20.10.2005)

5 Resümee

Im Februar 2002 sah sich die **EU unter Zugzwang, das europäische Patentsystem in Punkto Software Patente zu vereinheitlichen** und dem Stand der Technik anzupassen. Ein Grund dafür war etwa, dass durch die unterschiedlichen Patentgesetze in den EU Mitgliedsstaaten ein Wettbewerbsnachteil gegenüber den USA und Japan geortet wurde. Auch das TRIPS Abkommen, als Bestandteil des WTO Vertrags, schien die Mitglieder zu einer Regelung zur Patentierung von Computerprogrammen zu verpflichten. Der Richtlinienentwurf für CIE wurde vier Jahre lang diskutiert, bis er schließlich im Juli 2005, auf Grund der gespaltenen Meinung in der betroffenen Branche selber und dem durch viele Änderungen und Ergänzungen missverständlich gewordenen Gesetzestext, abgelehnt wurde. „Besser keine Richtlinie als eine schlechte" war der einstimmige Tenor. [183]

Zu schwierig war es, eine Richtlinie „für alle" zu verabschieden, da die Expertenmeinungen oft auseinander gingen. Ein wesentlicher Streitpunkt war etwa die **Trivialität von Software Patenten**. Kritiker sind der Meinung, dass jegliche Art von Code trivial sei und dass der sinnvollste Schutz für Software nach wie vor das Urheberrecht sei. Da die Patentämter für die Prüfung und Erteilung eines Patents teilweise Jahre brauchen, sprechen Befürworter davon, dass im Nachhinein betrachtet jedes Software Patent offensichtlich sei. Der Fortschritt der Technik sei seit dem Anmelden des Anspruchs ja nicht stehen geblieben. Differenziertere Beobachter sprechen nicht von einer grundsätzlichen Trivialität. So wird etwa Software mit einem Roman verglichen: Das Werk als Ganzes ist urheberrechtlich geschützt, jeder einzelne Teil für sich (Wörter bzw. Code Zeilen) ist trivial. Das kreative Kombinieren dieser Teile ist schützenswert. Wenn versucht wird, auch einzelne Teile des Gesamtwerks zu patentieren,

---

[183] Vgl. Sietmann (2001); Krempl (20.02.2002)

erzeugt man notwendigerweise Trivalpatente. „Es ist kein Zufall, dass Software-Patente so trivial sind" [184], so Dr. Peter Gerwinski vom FFII." [185]

Auf die Frage, ob **Software Patente für Europa wachstumshemmend** seien, gehen die Aussagen tendenziell in Richtung „Ja". Die traditionellen 20 Jahre Patentschutz werden als nicht zeitgemäß gesehen. Vor allem in der Softwareindustrie, die sehr schnellen Entwicklungen unterliegt, wird eine Schutzdauer von 3-4 Jahren als sinnvoller angesehen. PriceWaterhouseCoopers befindet in ihrem Bericht für die Niederländische Regierung etwa, dass die europäischen Länder durch eine gemäßigte Patentierungspraxis bisher sehr innovativ und wettbewerbsfähig sind. Sie befürchten, dass dies durch Software Patente gebremst wird. Die MIT-Forscher Bessen und Maskin befinden, dass Imitation Weiterentwicklung fördere, starke Patente jedoch ein Hindernis für Innovationen darstellen. Oft wird auch auf die rasende Entwicklung des World Wide Web verwiesen, welches gerade deswegen so erfolgreich gewesen sei, weil die zu Grunde liegenden Techniken nicht patentiert waren. [186]

Gerade in Deutschland, wo ein hoher Anteil an KMU in der Software Branche festzustellen ist, werden Software Patente als existenzielle Gefahr für diese Unternehmen gesehen. Die deutsche Monopolkommission beispielsweise, sieht Patente als erhebliche Marktbarriere für KMUs. Laut einer Befragung des deutschen Mittelstands, sieht sich kaum ein Unternehmen der Herausforderung gewachsen, jede selbstgeschriebene Codezeile nach eventuellen Patentverletzungen zu durchsuchen. Als einzig sinnvoller Schutz gegen Klagen von Konkurrenten wird ein Wettrüsten mit Schutzrechten angesehen. Dabei ist jedes Patent nur so viel wert, wie die Mittel, die man bereit ist dafür aufzubringen, um es

---

[184] Schmidt (2006)
[185] Vgl. Pfeiffer (2004), S. 25f.; Mühlbauer (21.06.2002)
[186] Vgl. Krempl (29.06.2005); Mühlbauer (21.06.2002); Ministerie van Economische Zaken (2004), S. 50

vor Gericht zu verteidigen. In den USA beispielsweise, betrugen 1990 die durchschnittlichen Kosten für eine Patentklage 500.000 US-Dollar. Rob Lippincott von der Firma Learning Network stellte bereits damals fest, dass die meisten kleinen Softwarefirmen eine Patentklage allein wegen der Anwaltskosten nicht überleben würden, unabhängig vom Ausgang des Verfahrens.[187] Dazu kommt, dass Konzerne oft nicht behutsam mit kleinen Mitbewerbern umgehen, wenn diese ihnen im Weg stehen. Deshalb kann es für den finanziell Schwächeren tatsächlich auch in Europa existenzbedrohend werden, sein Recht zu verteidigen.[188]

Auf der anderen Seite sprechen Experten wie der Patentanwalt Axel Pfeiffer davon, dass es gerade für den Mittelstand notwendig ist, ihre Software patentieren zu lassen. Da KMU für die Verwirklichung von Groß- oder Langzeitprojekten größenbedingt nur über begrenzte Mittel verfügen, brauchen sie Investoren. Um geistiges Eigentum in greifbares Eigentum zu wandeln und damit das eingesetzte Kapital der Anleger zu schützen, braucht es laut Pfeiffer Patente. Ohne diese Schutzrechte wären KMU viel stärker dem Goodwill der Großen ausgeliefert, da diese auf Grund ihrer Größe den längeren Atem hätten.[189]

Von Anfang an wollte die EU verhindern, ihr Patentsystem zu sehr dem US-amerikanischen anzugleichen. Im Februar 2005 berichtete die schwedische Juristin Sandra Paulsson jedoch in ihrem Bericht für die EU, dass keine großen Unterschiede zwischen dem US-amerikanischen System und dem Entwurf der europäischen Richtlinie beständen. Es seien bei einer Verabschiedung der Richtlinie in der ihr vorliegenden Form auch ähnliche Ergebnisse wie in den USA zu erwarten. Eine Entwicklung in diese Richtung war für die europäische Politik keine erstrebenswerte, da man auf diese Weise vor bekannten Problemen stehen würde: Seit 1980 wurde

---

[187] Vgl. Mühlbauer (21.06.2002)
[188] Vgl. Richter (2003), S. 1; Krempl (24.06.2005)
[189] Vgl. Pfeiffer (2004), S. 21

die Patentierbarkeit in den USA ständig erweitert: Neben Mikroorganismen, Pflanzen, Tierarten und Software werden auch Geschäftsmethoden bereits für schutzwürdig empfunden. Durch diese weit gefassten Patentiermöglichkeiten werden für immer mehr Erfindungen Patente angemeldet. Im Jahr 2004 etwa, wurden 173.000 Patente gewährt, mehr als in den 40 Jahren davor insgesamt. Über 490.000 Patentanträge warten noch auf ihre Prüfung. Die hohe Anzahl von Drohbriefen mit Zahlungsaufforderungen und Klagen wegen angeblichen Patentverletzungen von „Patentverteidigern" wie Acacia, verunsichern Entwickler schon seit Jahren. Es verwundert daher nicht, dass beispielsweise Microsoft bereits mehr Anwälte hat, als Yahoo Mitarbeiter. Das System kommt zunehmend an seine Grenzen, was das US-Patentamt schließlich Anfang 2005 dazu veranlasste, eine Reform anzustoßen. [190]

Eine mögliche Patentierung von Software in der EU bereitet auch der Open Source Szene Kopfzerbrechen. Open Source steht heute für Innovation, Sicherheit und Wettbewerbsfähigkeit. Die am weitesten verbreitete Software überhaupt, ist tatsächlich quelloffen: Die HTTP Server Applikation Apache. Da Linux weniger im Hintergrund arbeitet wie Apache, wird im Zusammenhang mit Open Source jedoch meist auf das freie Betriebssystem verwiesen. Auch um dessen Rechtssicherheit macht man sich Sorgen: 283 Patente stellen eine potentielle Bedrohung dar. Um Entwickler und Mitarbeiter an offener Software zu unterstützen, wurde deshalb eine Patentdatenbank eingerichtet. Sie listet sämtliche, der Open Source Szene zur Verfügung gestellten, Patente auf und soll als zentrale Anlaufstelle mehr Rechtssicherheit schaffen. Kritiker meinen jedoch, dass geschenkte Patente nicht viel nützen. Als einzig wirksamer Schutz werden eigene Patente gesehen, welche im Ernstfall für Gegenklagen gegen Open Source Gegner verwendet werden könnten. Die deutsche Bitkom vertritt

---

[190] Vgl. Krempl (26.04.2005); Fischermann (2005), 3f.; Fischermann (2005), S. 1ff.; Orey (2005)

die selbe Meinung: Sie beschreibt in einem Leitfaden, dass die Open Source Szene, sofern es das Gesetz ermöglicht, aktiv ihre eigenen Entwicklungen patentieren soll. Sollte künftig auch in Europa Software patentierbar werden, bleibt aber die Frage, wie freie Software „frei" bleiben soll, wenn ihre Entwickler Patentierungsgebühren in vierstelliger Höhe aufbringen müssen. [191]

In der Zwischenzeit haben IBM, Sun und HP und andere Unternehmen hunderte von Patenten für die Verwendung unter Open Source Lizenzen zur Verfügung gestellt. Zur Freude der Open Source Gemeinde, geht auch Microsoft neue Wege: Zumindest eine der kürzlich veröffentlichten Shared Source Lizenzen des Konzerns seien laut FSF Sprechern durchaus mit der GPL vereinbar.[192] Die Diskussionen rund um die Patentierbarkeit von Software rissen auch nach der Ablehnung der Richtlinie nicht ab. Die EU wagte daraufhin im Januar 2006 einen „letzten Anlauf" für ein Gemeinschaftspatent.[193]

Mit einem Blick auf die Patentpraxis in den USA warnt allerdings der US-Rechtsexperte Jerome Reichman dieses Mal vor einer „schnellen Harmonisierungsrunde": „Was wir brauchen, ist vielmehr eine Phase des offenen Experimentierens und Suchens nach Best Practices [..]"[194].

---

[191] Vgl. Krempl (05.08.2004); Borchers (02.08.2004); Krempl (10.08.2005); Krempl (14.10.2005)
[192] Vgl. Kuri (20.10.2005)
[193] Vgl. Kuri (20.10.2005); Krempl (16.01.2006); Krempl (21.01.2006)
[194] Ermert (01.03.2006)

Quellenverzeichnis

Bessen, James/Hunt, Robert M. (2004): Working Paper No. 03-17/R An empirical look at software patents, http://www.researchoninnovation.org/swpat.pdf (Stand: 15.03.2005), Philadelphia.

Borchers, Detlef (02.08.2004): Versicherung: 283 Patente gefährden Linux, in: Heise Online, http://www.heise.de/newsticker/meldung/49672 (Stand: 19.10.2005), Hannover.

Borchers, Detlef (07.03.2005): Programmieren zum Wohle der Menschheit, in: Frankfurter Allgemeine Zeitung, http://www.faz.net/s/RubE2C6E0BCC2F04DD787CDC274993E94C1/Doc%7EE362DD (Stand: 20.10.2005), Frankfurt am Main.

Borchers, Detlef (14.12.2005): Negativpreis für Softwarepatent-Lobbying, in: Heise Online, http://www.heise.de/newsticker/meldung/67387 (Stand: 20.02.2006), Hannover.

Borchers, Detlef (24.11.2005): Watchdogs schreiben europäischen Negativpreis für Lobbyisten aus, in: Heise Online, http://www.heise.de/newsticker/meldung/66605 (Stand: 02.03.2006), Hannover.

Bruns, Holger (10.12.2000): Hintergrund: Europäische Softwarepatente noch nicht vom Tisch, in: Heise Online, http://www.heise.de/newsticker/meldung/print/13788 (Stand: 19.10.2005), Hannover.

Christofides, Antonios (2005): Software Patente in Europa: Ein kurzer Überblick, http://swpat.ffii.org/log/intro/index.de.html (Stand: 20.10.2005), München.

Die Zeit (2005): Keine Patente auf Software, in: Die Zeit, http://www.zeit.de/2005/27/patent (Stand: 25.02.2006), Hamburg.

Drösser, Christoph (28.08.2003): Freies Denken – Darf Software patentiert werden?, in: Die Zeit, http://www.zeit.de/2003/36/Glosse_2_2f36 (Stand: 24.02.2006), Hamburg.

Ermert, Monika (24.03.2005): Wettlauf ums Wissen kritisch betrachtet, in: Heise Online, http://www.heise.de/newsticker/meldung/print/57889 (Stand: 19.10.2005), Hannover.

Ermert, Monika (01.03.2006): Experte warnt vor Harmonisierung des Patentrechts, in: Heise Online, http://www.heise.de/newsticker/meldung/70234 (Stand: 17.03.2006), Hannover.

Europäische Kommission (2004): Patentschutz für computerimplementierte Erfindungen - Kommission begrüßt Einigung im Rat, http://europa.eu.int/rapid/pressReleasesAction.do?reference=IP/04/659, Stand (27.02.2006), Brüssel.

Europäisches Parlament (2003): Bulletin EU 9-2003,
http://europa.eu.int/abc/doc/off/bull/de/200309/p103029.htm (Stand
27.02.2006), Brüssel.

Europäischer Rat (2002): 2462. Tagung des Rates Wettbewerbsfähigkeit
(Binnenmarkt, Industrie und Forschung) am 14. November 2002 in
Brüssel,
http://europa.eu.int/rapid/pressReleasesAction.do?reference=PRES/0
2/344 (Stand: 27.02.2006), Brüssel.

Europäischer Rat (2005): 2645. Tagung des Rates Wettbewerbsfähigkeit
(Binnenmarkt, Industrie und Forschung) Brüssel, den 7. März 2005,
http://europa.eu.int/rapid/pressReleasesAction.do?reference=PRES/0
5/42 (Stand (27.02.2006), Brüssel.

Europäischer Wirtschafts- und Sozialausschuss (2002): Stellungnahme
des Wirtschafts- und Sozialausschusses zu dem "Vorschlag für eine
Richtlinie des Europäischen Parlaments und des Rates über die Patentierbarkeit computerimplementierter Erfindungen",
http://eescopinions.esc.eu.int/eescopiniondocument.aspx (Stand
27.02.2006), Brüssel

Free Software Foundation (2006): The Free Software Definition,
http://www.fsf.org/licensing/essays/free-sw.html (Stand:
06.03.2006), Boston.

Free Software Foundation (2006a): Categories of Free and Non-Free
Software, http://www.gnu.org/philosophy/categories.html (Stand:
06.03.2006), Boston.

Free Software Foundation (2006b): What is Copyleft?,
http://www.gnu.org/copyleft/copyleft.html (Stand 06.03.2006), Boston.

Free Software Foundation (2006c): GPLv3 Conference,
http://www.ifso.ie/documents/gplv3-launch-2006-01-16.html (Stand:
06.03.2006), Boston.

Foundation for a Free Information Infrastructure (2005): Europäische
Softwarepatente: Einige Musterexemplare,
http://swpat.ffii.org/patents/samples/index.de.html (Stand:
19.10.2005), München.

Foundation for a Free Information Infrastructure (2006): Banners,
http://demo.ffii.org/cons0503/banners.php (Stand: 07.03.2006),
München.

Fischermann, Thomas (2005): In der Grauzone, in: Die Zeit,
http://www.zeit.de/2005/09/Patentj_8ager_neu (Stand: 20.10.2005),
Hamburg.

Generalsekretariat der Europäischen Kommission (2005): Zeitplan über
die Patentierbarkeit computerimplementierter Erfindungen,
http://europa.eu.int/prelex/detail_dossier_print.cfm (Stand:
20.10.2005), Brüssel.

Gfaller, Hermann (2005): Europa stimmt gegen Software Patente, in: ZDNet.de, http://www.zdnet.de/itmanager/kommentare/0,39023450,39134660, 00.htm (Stand: 19.10.2005), München

Gonzales-Barahona, Jesus M./Lopez, Luis/Robles, Gregorio (2006): Community structure of modules in Apache Project, http://libresoft.dat.escet.urjc.es/html/downloads/woss-icse-2004.pdf (Stand: 07.03.2006), Madrid.

Grassmuck, Volker (2002): Freie Software zwischen Privat- und Gemeineigentum, Bonn.

Hahn, Robert W./Wallsten, Scott (2003): A Review of Bessen and Hunt's Analysis of Software Patents, http://www.researchineurope.org/policy/hahn_wallsten.pdf (Stand: 15.03.2006), Washington.

Hamann, Götz/Hildebrandt, Tina/Fritz-Vannahme, Joachim (2005): Geld für gute Worte, in: Die Zeit, http://www.zeit.de/2005/04/Lobby, (Stand: 02.03.2006), Hamburg.

Helmers, Sabine/Seidler, Kai (1995): Linux: Cooperative Software Management and Internet, http://duplox.wz-berlin.de/docs/linux/index.html (Stand: 06.03.2006), Berlin.

Hermannstorfer, Matthias (07.03.2006): Microsoft hält 5000 US-Patente, in: Heise Online, http://www.heise.de/newsticker/meldung/70472 (Stand: 07.03.2006), Hannover

Hürter, Tobias (23.11.2004): An den Grenzen der Technik, in: Technology Review, http://www.heise.de/tr/artikel/53459 (Stand: 19.10.2005.), Hannover.

Ihlenfeld, Jens (06.07.2005): Softwarepatente: Ablehnung stößt auf geteiltes Echo, http://www.golem.de/0507/39073.html (Stand: 19.10.2006), Berlin.

Johnson, Pia/Schneider, Stefan (2004): Current issues – More growth for Germany – Innovation in Germany – Windows of opportunity, http://www.dbresearch.com/PROD/DBR_INTERNET_EN-PROD/PROD0000000000175949.pdf (Stand: 01.03.2006), Frankfurt am Main.

Kafsack, Hendrick/Mussler, Werner (03.07.2005): Die Schlacht ums Patent, in: Frankfurter Allgemeine Online, http://www.faz.net/s/Rub3E022E9C248F4E4A826CFF71F3383A63/Doc~E732D0D26DDA64476B642825AFADB218A~ATpl~Ecommon~Scontent.html (Stand: 22.03.2006), Frankfurt am Main.

Klaß, Christian (02.03.2006): Patentstreit: Gateway muss Hewlett Packard entschädigen, http://golem.de/0603/43718.html (Stand: 02.03.2006), Berlin.

Kommission der Europäischen Gemeinschaften (2002): Vorschlag für eine RICHTLINIE DES EUROPÄISCHEN PARLAMENTS UND DES RATES über die Patentierbarkeit computerimplementierter Erfindungen, http://europa.eu.int/comm/internal_market/en/indprop/comp/com02 -92de.pdf (Stand: 22.10.2005), Brüssel.

Krempl, Stefan (20.02.2002): EU-Kommission will Patentschutz für Software, in: Heise Online, http://www.heise.de/newsticker/meldung/print/25015 (Stand: 19.10.2005), Hannover.

Krempl, Stefan (27.03.2003): EU-Parlament streitet über Softwarepatente, in: Heise Online, http://www.heise.de/newsticker/meldung/print/35679 (Stand: 19.10.2005), Hannover.

Krempl, Stefan (2004): Gefahr für den IT Mittelstand:, in: C'T 13/2004 S. 22ff, Hannover.

Krempl, Stefan (2004a): Vorsicht, digitale Sperrzonen, in: Die Zeit, http://www.zeit.de/2004/29/Patente (Stand 22.03.2006), Hamburg.

Krempl, Stefan (05.08.2004): Justizministerium: Münchner Patentängste um Linux sind unberechtigt, in: Heise Online, http://www.heise.de/newsticker/meldung/49808 (Stand: 19.10.2005), Hannover.

Krempl, Stefan (2005): Richtlinie tot, Patente lebendig, in: C'T 16/2005, S. 44f, Hannover.

Krempl, Stefan (17.02.2005): EU-Studie: Softwarepatentrichtlinie bringt amerikanische Verhältnisse, in: Heise Online, http://www.heise.de/newsticker/meldung/print/56493 (Stand: 19.10.2005), Hannover.

Krempl, Stefan (17.03.2005): Umfrage: Softwarepatente lösen Existenzängste im Mittelstand aus, in: Heise Online, http://www.heise.de/newsticker/meldung/57615 (Stand: 19.10.2005), Hannover.

Krempl, Stefan (04.04.2005): Regierungsstudie warnt vor Blockade durch Softwarepatente, in: Heise Online, http://www.heise.de/newsticker/meldung/print/58222 (Stand: 19.10.2005), Hannover.

Krempl, Stefan (26.04.2005): US-Gesetzgeber bereiten Reform des Patentsystems vor, in: Heise Online, http://www.heise.de/newsticker/meldung/print/59021 (Stand: 08.03.2006), Hannover.

Krempl, Stefan (13.05.2005): Softwarepatente: Lobbykampf vor der zweiten Lesung, in: Heise Online, http://www.heise.de/newsticker/meldung/59531 (Stand: 19.10.2005), Hannover.

Krempl, Stefan (23.05.2005): Softwarepatente: Experten stärken EU-Parlament den Rücken, in: Heise Online, http://www.heise.de/newsticker/meldung/print/59802 (Stand: 19.10.2005), Hannover.

Krempl, Stefan (09.06.2005): Justizministerin: nur kleine Korrekturen an Softwarepatentrichtlinie nötig, in: Heise Online, http://www.heise.de/newsticker/meldung/60466 (Stand: 19.10.2005), Hannover.

Krempl, Stefan (24.06.2005): Softwarepatente und das Gleichgewicht des Schreckens, in: Heise Online, http://www.heise.de/newsticker/meldung/60998 (Stand 19.10.2005), Hannover.

Krempl, Stefan (29.06.2005): Karlsruher Memorandum gegen Software-patente, in: Heise Online, http://www.heise.de/newsticker/meldung/61223 (Stand 19.10.2005), Hannover.

Krempl, Stefan (04.07.2005): Softwarepatente: Last-Minute Lobbying vor dem Parlamentsbeschluss, in: Heise Online, http://www.heise.de/newsticker/meldung/61362 (Stand: 19.10.2005), Hannover.

Krempl, Stefan (05.07.2005): Softwarepatente: Besser keine Richtlinie als eine schlechte, in: Heise Online, http://www.heise.de/newsticker/meldung/print/61433 (Stand: 19.10.2005), Hannover.

Krempl, Stefan (06.07.2005): EU-Parlament beerdigt Softwarepatentricht-linie, in: Heise Online, http://www.heise.de/newsticker/meldung/print/61446 (Stand: 19.10.2005), Hannover.

Krempl, Stefan (07.07.2005): Softwarepatente: Der Tigersprung des EU-Parlaments, in: Heise Online, http://www.heise.de/newsticker/meldung/61468 (Stand 19.10.2005), Hannover.

Krempl, Stefan (10.08.2005): Software Patent Allmende für Open-Source-Projekte, in: Heise Online, http://www.heise.de/newsticker/meldung/62651 (Stand: 19.10.2005), Hannover.

Krempl, Stefan (14.10.2005): Bitkom empfiehlt Patentierung von Open-Source-Software, in: Heise Online, http://www.heise.de/newsticker/meldung/64940 (Stand: 20.02.2006), Hannover.

Krempl, Stefan (05.01.2006): Debatte um Reform des US-Patentsystems spitzt sich zu, in: Heise Online, http://www.heise.de/newsticker/meldung/68020 (Stand: 20.02.2006), Hannover.

Krempl, Stefan (16.01.2006): EU-Kommission wagt „letzten Anlauf" beim Gemeinschaftspatent, in: Heise Online, http://www.heise.de/newsticker/meldung/68380 (Stand 22.02.2006), Hannover.

Krempl, Stefan (21.01.2006): Industrie stimmt sich auf neuen Kampf für Software Patente ein, in: Heise Online, http://www.heise.de/newsticker/meldung/68620 (Stand: 20.02.2006), Hannover.

Kuri, Jürgen (10.02.2004): SCO vs. Linux: Die unendliche Geschichte, in: Heise Online, http://www.heise.de/ct/aktuell/meldung/44492 (Stand: 07.03.2006), Hannover.

Kuri, Jürgen (19.10.2005): Microsoft will Shared Source vereinfachen, in: Heise Online, http://www.heise.de/newsticker/meldung/65119 (Stand: 20.02.2006), *Hannover.*

Kuri, Jürgen (20.10.2005): Neues Liebeswerben: Microsoft und Open Source, in: Heise Online, http://www.heise.de/newsticker/meldung/65138 (Stand: 20.02.2006), *Hannover.*

Lerner, Josh/Zhu, Feng (2005): What is the Impact of Software Patent Shifts? Evidence from Lotus V. Borland, Cambridge.

Ministerie van Economische Zaken (2004): Rethinking the European ICT Agenda – Ten ICT-breakthroughs for reaching Lisbon goals, http://www.ez.nl/content.jsp?objectid=24583 (Stand 01.03.2006), Den Haag.

Mühlbauer, Peter (21.06.2002): Sind Patente ein Patentrezept? Das Europäische Parlament präsentiert seinen Jahresbericht, in: Telepolis, http://www.heise.de/tp/r4/artikel/12/12773/1.html (Stand: 19.10.2005), *München*

Mühlbauer, Peter (07.07.2004): „Wir sind Europameister", in: Telepolis, http://www.telepolis.de/r4/artikel/17/17825/1.html (Stand: 19.10.2005), München

Müller, Florian (16.11.2005): Patentpools – ein problematisches Placebo, in: C'T, http://www.heise.de/ct/aktuell/meldung/66268 (Stand: 20.02.2006), Hannover

Oelrich, Christiane (2006): Blackberry Streit wirft Schlaglicht auf Chaos im US-Patentschutz, in: Heise Online, http://www.heise.de/newsticker/meldung/70008 (Stand: 24.02.2006), Hannover

Orey, Michael (09.01.2006): The Patent Epidemic, http://www.businessweek.com/magazine/content/06_02/b3966086.htm (Stand: 09.03.2006).

OSI (2006): History of the OSI, http://opensource.org/docs/history.php (Stand: 06.03.2006), San Francisco.

Pfeiffer, Axel (2004): Softwareprobleme im Patentrecht?, http://www.beetz.com/de/personen/anwaelte/ap_publications/Softwareprobleme_DE.pdf (Stand: 02.03.2006), München.

Pohlmann, Norbert/Müglich, Andreas (2004): Kurzgutachten Wechselbeziehung zwischen Interoperabilität, Patentschutz und Wettbewerb, ftp://internet-sicherheit.de/swpat/ifis_kurzgutachten.pdf (Stand 25.02.2006), Gelsenkirchen.

Richter, Steffen (2003): Patente auf Software? – in: Die Zeit, http://www.zeit.de/2003/35/patent (Stand: 25.02.2006), Hamburg.

Roller, Nathalie (2002): Softwarepatente? Non, Merci! In: Telepolis, http://www.telepolis.de/r4/artikel/12/12097/1.html (Stand 19.10.2005), München.

Schilling, Melissa A. (2005): Strategic management of technological innovation, New York.

Schmidt, Rene (2006): Regelwahn: Software Patente, http://www.drweb.de/software/software-patente.shtml (Stand: 02.03.2006), Lübeck.

Schulzki-Haddouti Christiane (2000): Basisvorschlag für Europapatente, in: Telepolis, http://www.telepolis.de/r4/artikel/8/8528/1.html (Stand: 19.10.2005), München.

Sedlmaier, Roman (2004): Die Patentierbarkeit von Computerprogrammen und ihre Folgeprobleme, München.

Sietmann, Richard (2001): Wettbewerb im Gerichtssaal, in: C'T 17/2001, S. 170ff, Hannover.

Sietmann, Richard (06.08.2001): Software Patente: Gegner zahlenmässig überlegen, in: Heise Online, http://www.heise.de/newsticker/meldung/print/19919 (Stand: 19.10.2005), Hannover.

Sietmann, Richard (2004): Das Urheberrecht kennt kein Recht auf Privatkopie, in: C'T 16/2004, S. 158f, Hannover.

Stallman, Richard (26.05.2000): The Anatomy of a Trivial Patent, http://linuxtoday.com/news/2000052600404OPLF (Stand: 19.10.2005).

Stallman, Richard (1999): Europa muss vor Softwarepatenten bewahrt werden, in: Telepolis, http://www.heise.de/tp/r4/artikel/6/6437/1.html (Stand 19.10.2005), Hannover.

Stallman, Richard (2006): The first software-sharing community, http://www.gnu.org/gnu/the-gnu-project.html (Stand: 07.03.2006), Boston.

Wilkens, Andreas (12.04.2005): ZVEI will sich stärker für Patentschutz einsetzen, in: Heise Online, http://www.heise.de/newsticker/meldung/print/58492 (Stand: 19.10.2005), Hannover.

Wilkens, Andreas (09.06.2005): US-Gesetzentwurf gegen „Patent-Trolle", in: Heise Online, http://www.heise.de/newsticker/meldung/60465 (Stand: 19.10.2005), Hannover.

Wilkens, Andreas (11.08.2005): Red Hat verlangt von Microsoft eine befriedete Zone für Open-Source-Nutzer, in: Heise Online, http://www.heise.de/newsticker/meldung/62714 (Stand: 19.10.2005), Hannover.

Ziegler, Peter Michael (23.11.2004): Die Softwarepatent-Richtlinie ist trügerisch, gefährlich und demokratisch nicht legitimiert, in: Heise Online, http://www.heise.de/newsticker/meldung/print/53545 (Stand: 19.10.2005), Hannover.